瑞蘭國際

下一站，印度德里！

終極背包客的吃喝玩樂全攻略

PloyCafe 著・攝影

旅行印度一直是內心裡的夢想，文明古國的人文與景色，不論在書裡或是電視上每每出現都深深地吸引著我，但心裡很清楚，印度不適合初次單獨旅行的背包客，為此，我藉由多次旅行東南亞國家來訓練自己面對困難的應對能力。

記得決定出發印度後，大量閱讀著印度旅行的各種網站與部落格，也不斷詢問我曾接待過的沙發衝浪客，試著找到一條讓自己安心踏上印度的路，然而所得到的訊息，似乎都少了一些，無法全面撫平我不安的心，而這也是後來我出此書的初衷——希望藉由自己的經歷，可以提供給想去印度但裹足不前的人。

第一次踏上印度時，內心既興奮又害怕，在飛往印度德里的班機上，刻意與隔壁座位的日本年輕背包客聊天，來緩解自己緊張的心情。當時與他做伴一起出關，一起搭車到帕哈甘吉，找到各自的民宿後互相道別，開始各自的旅程，算是順利的第一步。

初次來到印度凡事都很新鮮，我喜歡從旅行中觀察印度人的生活方式，印度人喜歡聊天、喜歡喝茶、喜歡盯著路人、對外國人充滿好奇、女人勤儉持家、男人認真工作，但面對觀光客的印度小販卻會默默將價格抬高，所以討價還價成了我印度生活的日常，也訓練出自己據理力爭的態度。個人覺得，在印度，過多的溫良恭儉讓會讓自己悶出病來，而謙卑微笑有時會讓男性產生誤會，所以有話直說是最好的應對方式。

印度很大很多元，除了地理上的大之外，人文景色也相當豐富，

無法片面斷定好壞，但旅人第一時間接觸到的在地人，卻很容易影響之後對印度的喜愛與否。這點無可厚非，畢竟旅人最常接觸的印度人幾乎都是生意人，搭車的司機、購物的攤主、民宿的老闆甚至用餐時的工作人員等等，所以喜愛或厭惡的感受會更直接。當遇到比較不愉快的狀態時，難免情緒常會上來，但轉身後，一個小孩的輕輕微笑或是路人的一個溫暖回應，卻也都能安慰旅人的心緒，這就是印度有趣的地方。

　　這本書搜集了印度德里經典景點與食衣住行介紹，以輕鬆寫意的筆法講述了各景點的背景與故事，讓大家可以在遊歷世界遺產時更加了解它們在印度歷史裡的意義，當然也有德里重要的購物好所在，滿足喜歡購物的旅人需求。多次遊歷印度，且每次去都住上大半年的我，最後想說的是，印度並不危險，做好準備，下一站就出發，因為印度絕對是一個值得探索並找到自己的地方！

ploycafé

備註1：文章內地名、人名多由作者音譯方便閱讀，故請讀者查詢資料時請以原文為主。而地鐵站名僅以原文呈現，避免混淆。

備註2：印度地址並無清楚標示門牌號碼，而是以週遭地標區別位置所在，本書收錄的景點地址以Google Map顯示為準，若須搜尋建議直接查詢景點原文名稱。

01

印度大不同

恆河流域文明

♦ 歷史

印度數千年的歷史裡充滿著文明的興衰以及各種征戰討伐和宗教誕生。印度首任總理賈瓦哈拉爾·尼赫魯（Jawaharlal Nehru）曾說：「印度是被強韌但無形的線綁在一起的無數矛盾體。」，這個古文明歷史仍在持續演進中，曾經的古文明大國，如今以一個充滿活力又多元的面貌展現在眾人眼前。

1. 印度河流域文明（Indus Valley Civilization；約西元前 3300 ～ 1500 年）

印度河橫跨現今的印度到巴基斯坦（Pakistan）的邊界，它是印度文明的重要搖籃。它的第1代居民主要以農作跟畜牧為主，在歷史的演進過程裡，這些部落後來形成了城

印度教神祇

邦文化。

　　從西元前2500年，大型城市已經初步形成，當時的主要文化是「哈拉帕文化」（Harappa；今日巴基斯坦境內），它經歷了1千多年的繁盛時期。

　　當時的哈拉帕人經常與美索不達米雅人通商，並且創立一套度量衡制度，也發展了陶土與青銅雕像等高度發達工藝。當時的「哈拉帕文化」融入了「婆羅門教」元素，

曾經發現的陶土雕像中，展示一位女性神靈與一位呈現瑜珈坐姿的3面男性神靈，而此位女性神靈後來化身為「卡莉女神」（Kali；象徵誕生和死亡的母親），3面男性神靈則被認為是歷史上的「濕婆神」（Siva；Shiva）。

2. 吠陀文明（The Vedic Age；約西元前1500 ～ 600 年）

　　雅利安人（The Aryans；梵文「貴族」之意）創造了「吠陀文明」。「吠陀文明」可以分為早、晚2個時期。早期信奉「吠陀教」，此時雅利安人由遊牧走向農業，崇拜多神，有繁瑣祭祀，時間大約從西元前1500年到西元前1200年。

　　晚期則發展至恆河流域，時間約為西元前1100年～500年，信奉「婆羅門教」，多神崇拜。印度教的神聖經文「吠陀經」（Vedas）就創造在這段時期（西元前1500年～1200年），而「種姓制度」也在此時逐漸成形。

　　因為不斷地爭戰，雅利安人的勢力逐漸向東推進了恆河平原，

最後甚至控制了印度北部區域，而當時的原住民，也就是達羅毗荼人（Dravidians）被迫南遷。

3. 孔雀王朝（Maurya dynasty；約西元前 321 年～ 185 年）

「孔雀王朝」的旃陀羅笈多・毛里亞（Chandragupta Maurya）創建了第1個強大的印度王國。孔雀王朝以華氏城為首都，也就是現今的巴特納（Patna）。整個王國在阿育王（Ashoka）的統治下步入了鼎盛時期。西元前232年當阿育王過世後，整個孔雀王朝開始分崩離析。

阿育王統治時期是佛教發展的高峰，他於西元前262年皈依佛教並且宣佈「佛教」為國家宗教，這一點從根本上擺脫「印度教」精神對社會的影響。同時，他也建造了數以千計的佛塔跟寺院，如今在印度北方的鹿野苑（Sarnath）仍然可以感受到當時佛教的鼎盛輝煌。

這位偉大的君主留下了許多遺產，其中之一就是印度國旗，國旗中間的圖案便是阿育王法輪。在之後「百乘王朝」（Satavahana Empire）的統治下，以文學和哲學為主的印度藝術得以蓬勃發展，而佛法也能持續弘揚。此時南印度迎來了一段相當繁榮興盛的時期，整個南亞的商業貿易往來延伸到羅馬帝國與中國。

4. 笈多王朝（Gupta Empire；約西元 319 ～ 590 年）

「笈多王朝」的創始者是旃陀羅・笈多一世（Chandra Gupta）。西元380年，「笈多王朝」的第3任君主旃陀羅・笈多二世迎娶了北方最強部落的公主卡達姆巴（Kadamba），之後便異軍突起，讓整個版圖迅速擴增，印度也在他的統治下帝國疆域達到鼎盛。當時中國東晉、劉宋的高僧法顯大師更是前往此地取經，在法顯的文獻裡稱印度是個十分富足的國家。「笈多王朝」雖然信仰「印度教」，但對於「佛教」及其藝術仍是秉持充分寬容的態度。但在末期，印度教成為主要的宗教，隨後在匈奴人入侵後，「佛教」就此沒落。

5. 南北分治（約西元 750 年～ 1526 年）

印度開始接觸伊斯蘭教文化（Islam）始於西元7世紀，12世紀時阿拉伯人在印度德里（Delhi）建立第1個「蘇丹國」（Sultan）。

往後，北印度的歷史就是「德里蘇丹王朝」（Delhi Sultanate；西元1206～1526年）的歷史，主要信仰為「伊斯蘭教」。被蘇丹統治的地方，無論是王朝還是國家都可以被指為「蘇丹國」，而「蘇丹」（Sultan）這個職位，在伊斯蘭教歷史當中，相當於「總督」這樣的官職。

第1個「德里蘇丹王朝」是「庫特布沙希王朝」（Mamluk Dynasty in Delhi），它是阿富汗「古爾王朝」（Ghurid Dynasty）留在印度河平原的突厥語族（Turkic languages）奴隸創立的，又稱「奴隸王朝」。後繼王朝陸續為：「卡爾吉王朝」（Khalji）、「圖格魯克王朝」（Tughlaq）、「賽義德王朝」（Sayyid）和「洛迪王朝」（Lodis），由於這些王朝的首都皆位於德里，故統稱「德里蘇丹王朝」。

另一方面，南印的「朱羅王朝」（Cholas）於西元9世紀中葉崛起，並建立了印度南部最大的帝國，透過強大的海上實力將南印的藝術與文化傳到東南亞各國，「印度教」更是南印的文化基石。

6. 蒙兀兒帝國（Mughal Empire；西元 1526 ～ 1858 年）

「蒙兀兒帝國」的幅員遼闊，巔峰時期甚至擁有整個南亞次大陸。同時「蒙兀兒帝國」的君主們也創造了藝術與文學發展的黃金年代，他們為印度留下了許多壯麗的建築遺產，包含了最廣為人知的泰姬瑪哈陵（Taj Mahal）。

西元1526年，來自費爾幹納山谷（Fergana Valley，即今日的「烏茲別克」）、擁有成吉思汗和帖木兒血統的「蒙兀兒帝國」的建立者巴布爾（Babur），憑藉著槍砲的優勢以及精湛的騎術擊潰了「洛迪王朝」（Lodis；西元1451～1526年）。而後於西元1539年，東印

度的統治者舍爾・沙（Sher Shah Suri）擊敗了巴布爾之子胡馬雍（Humayun），落敗的胡馬雍逃到波斯（今日的伊朗）。

西元1545年舍爾・沙過世後，胡馬雍再次奪回王位後並征服了德里，但於次年過世。胡馬雍的幼子阿克巴（Akbar）繼位後的49年間，「阿克巴時代」將帝國擴張到史無前例的規模。阿克巴不僅具備了軍事長才，同時也是一位睿智寬容的皇帝，而且熱愛藝術文化。他巧妙地將「印度教」融入帝國裡，並且展現對各種宗教的濃厚興趣，經常花費許多時間與各方宗教專家商討宗教議題。

而「蒙兀兒帝國」的最後一位偉大統治者奧朗則布（Aurangzeb），則是最重要、但也是最具爭議的皇帝，他放棄了「阿克巴時代」的宗教寬容政策，加強「伊斯蘭教」的宗教地位，企圖使印度完全伊斯蘭化，並且對非穆斯林（Non-Muslim）徵稅，還將印度教徒逐出政府，並大舉拆毀印度教廟宇與神像。這種種導致了帝國內的非穆斯林與政府之間的矛盾與

印度男女對於珠寶的喜愛、配戴都是一樣的心情。

緊張，從而削弱了整個帝國的向心力。奧朗則布過世後，繼任的皇帝大都昏庸無能。

7. 歐洲列強的到來與英國統治時期（西元 1498 ～ 1947 年）

西元1498年，瓦斯科・達伽馬（Vasco da Gama；葡萄牙探險家，是歷史上第1位從歐洲航海到印度的人）旗下的一支葡萄牙艦隊成功地發現了一條從歐洲到印度的新航線，為印歐直接貿易鋪平了道路。葡萄牙人很快在果阿（Goa）、達曼（Daman）、第烏（Diu）和孟買（Mumbai）設立了貿易站。接下來的是荷蘭人，他們的主要基地是錫蘭（今日的「斯里蘭卡」）。隨

恆河畔的聖牛

後，英國、法國、丹麥和挪威都在印度沿海設立貿易站。

1617年，「英國東印度公司」（British East India Company）獲得蒙兀兒皇帝賈漢吉爾（Jahangir）的許可，得以在印度進行貿易。18世紀時，因為「蒙兀兒帝國」的分裂，讓「英國東印度公司」得以蠶食各自獨立的印度王公領土。最後，於19世紀中期「英國東印度公司」退出，英國成為印度的實際統治者。

8. 印巴分治（Partition of India；西元 1947 年 8 月 14 日和 15 日）

「印巴分治」是指於1947年8月14日和15日發生在印度次大陸的歷史事件，由於人數較多的印度教徒和人數較少的伊斯蘭教徒之間的宗教對立日益激化，大英帝國統治下的「英國東印度公司」解體，誕生「印度聯邦」（Dominion of India）和「巴基斯坦自治領」（Dominion of Pakistan；包括今日巴基斯坦和孟加拉國大部分地區）的2個新國家。

反對英國統治的聲音在20世紀初開始擴延，印度國大黨（Indian National Congress）是反對浪潮裡的領頭羊。西元1905年，英國企圖將孟加拉劃分出去，導致了大規模的抗議。第一次世界大戰爆發後，超過1百萬的印度人自願被送往海外，超過10萬人戰死沙場。印度國大黨期望在戰爭結束後能得到相對應的回報，結果期望落空，英國與印度之間的緊張情緒就此升高。

西元1919年4月，英國派一支軍隊平息阿姆利則（Amritsar）的暴動，但卻因為英國軍隊無情地鎮壓許多手無寸鐵的抗議民眾，使得原本很多漠不關心政治的印度民眾，開始轉向支持印度國大黨，而其所倡導的反英運動，都是以甘地提倡的「非暴力不合作」作為抗議主軸。

西元1946年發生印度皇家海軍起義，事件之後英國派遣內閣特使團前來談判，主要討論印度國大黨和穆斯林聯盟之間的矛盾與政權移交。隔年英國提出「蒙巴頓方案」（Mountbatten Plan），根據該方案，巴基斯坦和印度2個自治區分別

古蹟胡馬雍墓陵內

於1947年8月14日和8月15日成立，英國在印度的統治就此宣告結束。

9. 聖雄甘地（Mohandas Karamchand Gandhi；西元1869年10月2日～1948年1月30日）

莫罕達斯‧卡拉姆昌德‧甘地是印度國父，也是印度民族主義運動和印度國大黨領袖，他帶領印度獨立，脫離英國殖民統治。他的非暴力哲學思想（Ahimsa）影響了全世界的民族主義者和那些爭取和平變革的國際運動。

1869年10月2日，甘地出生在古吉拉特（Gujarat）的博爾本德爾（Porbandar）的海濱小鎮。他19歲時留學英國，在倫敦大學就讀法律。完成學業後的甘地前往南非從事律師一職。這時，甘地開始參與政治，並且反對針對南非印度人的法律和種族歧視，甘地隨即成為印度人在南非區域裡的代言人。

西元1915年，甘地帶著「非暴力不合作」的政治理念回到印度，並且遵從一種簡單有紀律的生活模式。同時也在艾哈邁達巴德（Ahmedabad）建立了「薩巴爾馬提靜修所」（Sabarmati Ashram；現今為「甘地紀念館」），這是甘地首次向賤民種姓族群開放的靜修所。

西元1920年，甘地已然成為印度國大黨的重要人物，他組織協調全國的非暴力抗議團體，抵抗英國的統治。西元1934年，甘地辭去了國會議員一職，後又於1942年再度回歸國會，並且發動了「退出印度運動」（Quit India），期望英國離開印度。然而他的行為被認為是顛覆國家之舉，於是和印度國大黨的多名領袖一起入監服刑。西元1948年1月30日，甘地出席德里禱告會時，遭到一名印度教狂熱分子南度藍姆・高德西（Nathuram Godse）槍擊死亡。

10. 印度獨立──印度共和國（Republic of India；西元1947年～至今）

英國在印度的新總督路易斯・蒙巴頓伯爵（L. Louis Mountbatten）希望當時分歧的2派人馬能同意建立一個統一的印度，但終究無功而返。於是英國決定將印度劃分為二，但此項決定導致民間暴力活動越演越烈，新總督便將獨立日期提前到1947年8月15日。由於這個魯莽的決策，讓日後的印度與巴基斯坦埋下了長期爭戰的種子。印巴邊界劃分的棘手任務交到英國的仲裁者手中，但是無論如何劃分，都會導致無數家庭的破裂。

劃分邊界充滿無數難題，最後的結果，就是超過1200萬印度教徒、錫克教徒和穆斯林，在印度和巴基斯坦新成立的國家之間遷襲。而這項決策，也造成數以百萬的人們無家可歸與死亡的結果。

1947年8月，印度和巴基斯坦成為英國聯邦中的主權國家，遷移與一體化的問題仍然存在，特別是在喀什米爾（Kashmir）地區。獨立後

的印度共和國面臨著一連串嚴重問題，尤其是「印巴分治」所帶來的後遺症。獨立後的第1年，印度與巴基斯坦就因為喀什米爾爭端而爆發軍事衝突。

◆ 種姓制度

提到印度，就不能不提到「種姓制度」。儘管「種姓制度」不被目前的印度憲法所承認，但是它仍擁有巨大的影響力，尤其是鄉村地區。「種姓制度」讓出身決定了一個人在社會裡的地位，同時也影響個人事業與婚姻的選擇。

印度民間普遍相信「種姓制度」裡的4個階層來自傳說創世時，「婆羅門」從大神梵天口中出生，代表「祭司」階層；而「帝利」來自雙臂，代表「戰士」階層；「吠舍」則是從大腿生出，代表「商人」階層；最後由足部誕生的是「首陀輪」，代表「雜役」階層。

印度的家庭觀念相當重

「種姓制度」的發展是以「婆羅門」（Brahmin；「印度教」的貴族祭司，被人們仰視如神）為中心，劃分出許多以職業為基礎的內婚制群體。各種姓依照所居住的區域不同而劃分成許多亞種姓，而各種亞種姓內部再依據居住部落的不同分成許多聚落種姓，最後這些聚落種姓再分成不同層的外婚制氏族。位階分明的「種姓制度」整合成為一套通行於印度次大陸的社會體系。因此，它涵蓋了印度社會絕大多數的群體，並且與整個社會體系、宇宙觀、宗教甚至人際關係密不可分。

早期「婆羅門」的經典著作「摩奴法論」（Manusmriti）中刻意不提及賤民這個種姓，主張將所有的種姓劃分成4種。4種位階之下的賤民（又稱達特利人）是由罪犯、戰俘或是跨種姓婚姻者及其後裔組成。因為種姓身分世代相傳，賤民不能受教育、不可穿鞋、也幾乎沒有社會地位，只被允許從事非常卑賤的工作，例如清潔穢物或喪葬。

為了改善賤民的地位，印度政府提供了大量的公共部門的工作機會、議會席次以及大學的入學名額。在1997年，科切里爾·拉曼·納瑞雅南（Kocheril Raman Narayanan）當選為印度第10任總統，成為印度第1位賤民種姓出身的總統，而現今的印度總統拉姆·納特·柯文德（Ram Nath Kovind）也是賤民出身翻轉地位的代表。

◆ 人口

印度人口的結構主要以語言、宗教以及種姓來劃分。「印度人口計劃」在1952年提出，這使印度成為世界上最早計劃生育的國家，然而隨着醫療技術的進步，人口開始高速增長，自1951至2017年，印度人口從3.6億遽增到13.24億，占世界人口的17.5%，聯合國世界人口展望報告預測，2024年印度人口將超過中國，成為人口最多的國家。

◆ 語言

英國統治時期，行政單位只能使用英語。1947年印度獨立後，對於只選擇一個本土官方語言非常困難，雖然印地語被定為中央政府官方語言，但實際以印地語作為母語的人口不超過40%，且對於南方各邦使用其他語言的人民而言，學習印地語也是相對困難，因此導致各邦各有自己的官方語言。

印度的語言繁多而且複雜，主要分屬兩大語系：「印歐語系」與「達羅毗荼語系」。在印度，除了憲法認定的22種官方語言之外，還存在其他1650種區域性方言。至今，印度各地仍普遍使用自己的區域性方言。

北印主要的官方語言是印地語，南印則是泰米爾語，各邦也有自己的官方語言。許多受教育的印度人把英語作為他們的第1語言；同時，對於大多數的印度人來說，英語則是他們的第2語言。

◆ 國土

印度是世界第7大國，總面積約317萬平方公里。印度從北到南全長3,214公里，從東到西全長2,993公里，印度半島也是南亞的主體。印度地理是多樣性的，從雪山山脈到沙漠，從平原到雨林，從丘陵到高原，景色應有盡有。印度囊括了位於印度板塊的印度次大陸的絕大部份，海岸線長達7,000多公里，其中大多數位於亞洲南部半島，地理位置深入到印度洋。印度西南部與阿拉伯海相連，東部和東南部與孟加拉灣接壤。肥沃的印度恆河平原覆蓋了印度北部、中部和東部的絕大部分。

印度有著多元宗教

♦ 宗教

　　印度是一個宗教色彩非常濃厚的國家，也是眾多宗教的發源地。在這裡幾乎能找到世界上所有的宗教，所以有「宗教博物館」之稱。

　　在印度約有80%的人口信仰印度教，其他的主要宗教還有「伊斯蘭教」（15%）、「錫克教」（1.7%）、「耆那教」（0.06%），又因早期敘利亞「基督教」的傳入和近代受到英國殖民統治影響，讓「基督教」（2.3%）得以盛行。「佛教」雖然起源於印度，但如今在印度的影響力較小，只占總人口數的0.5%，但佛教的宣揚卻帶給印度周邊的國家相當大的影響。

咖哩飲食

♦ 飲食文化

印度的素食菜餚豐富而且具有歷史，葷食方面，除了充滿蒙兀兒與旁遮普（Punjab）風味的肉類烹煮方式之外，還有南方的生猛海鮮，都是印度美食裡萬千變化的享受。印度佳餚的歷史源遠流長，且都帶有濃濃的區域特色。

印度料理端上桌時，總是一道道和著各種辛香料的菜餚，這種濃郁類似湯品的食物被西方人統稱為咖哩，而薑黃、芫荽籽是印度咖哩的主要材料。

南印的主食是大米，細長的白米最受歡迎，因為可以與任何口味的咖哩結合。印度東北部的阿薩姆邦（Assam）盛產糯米，南部喀拉拉邦（Kerala）則生產特有的紅米，不管來自何方的米，都是受歡迎的印度香米。北方的主食則是小麥，未經發酵的圓麵皮放在熱鐵鍋上烤一烤，就是四處可見的印度烤餅，烤餅可以搭配咖哩，也可以塗抹奶油單吃。

幾乎所有印度人都對木豆

（Cajanus）情有獨鍾，印度產有60多種豆類，種類之豐富真的讓人無法想像，所以豆類料理是外食餐廳的佳餚，也是家庭菜餚裡不可或缺的美食。

有著7,500公里海岸線的印度，從孟買往南到西部沿海地區藏有豐富的海洋資源，所以海鮮的鮮美也就不足為奇了。喀拉拉邦的水產是印度首屈一指，而果阿邦則擁有美味的蝦子與魚類，在奧里薩邦（Harishankar）更有「無魚不歡」的說法，至於有許多湖泊與池塘的

香料飲食文化

西孟加拉邦（West Bengal）更是讓魚類料理成為餐桌之上的美食首選。

♦ 重要節慶

印度的宗教節慶加上國家慶典，一年365天，天天有慶典，各個宗教都有屬於自己重要的日子，本書僅介紹幾個代表性的慶典。需要特別注意的是以下這些傳統節慶都以印度曆法為主，類似中國的農曆，所以每年節日的西曆日期都不盡相同。

1. 灑紅節（Holi）

「灑紅節」在每年西曆的3月舉行。這節日有如農曆新年一樣熱鬧，但慶祝的方式很不同。當天一早，可以看到人們的手裡拿著裝有五顏六色的玉米粉末的塑膠袋，見了人先是擁抱，然後相互往對方的臉上撒上各種顏色的玉米粉末表示祝福。

2. 排燈節（Diwali）

為期5天的「排燈節」於每年西曆10或11月舉行。第1天下午開始在室內各處、圍牆、走廊、屋頂點燈，準備迎接「吉祥天女」（Luxshmi）的到來。第2天是沐浴淨身裝扮美麗的日子，這天在印度神話中是「克里希納」（Lord Krishna）打敗「奈拉克蘇拉」（Narakasura）的日子，象徵光明戰勝黑暗。第3天需要清掃住家四處，迎接喜愛潔淨的「吉祥天女」（Laxshmi）。第4天是愛與奉獻日，娘家會為嫁做人婦的女兒準備禮物和食物，表示女兒嫁出去但仍與娘家不分離。第5天是手足日，這天家中姊妹會在兄弟額頭點上象徵保護的紅點（Tikka），而兄弟則是買禮物送姊妹。

3. 杜迦節／九夜節（Durga Puja）

於每年西曆9或10月舉行，節慶為期10天，在節慶的半年之前，人們就開始塑造「杜迦」神像。

「杜迦」（Durga）是一位勇敢美麗的女神，祂騎在雄獅的背上，有10隻手，每隻手各握有相異的法器。傳說從前有一位凶神叫「阿修羅」（Asuras），祂把眾神從天堂趕出，於是眾神便找來「杜迦女神」向「阿修羅」挑戰，最後，「阿修羅」戰死於「杜迦」之手。

節慶的這10天，到處可見神棚。人們將祭品放在一個用樹葉做成半圓形的杯子裡，相傳吃了這些祭品可以驅邪避災。之後，男女信徒會把手中的鮮花投向「杜迦」神像前。節慶結束時，群眾會將神像運往河邊，投入水中。

4. 保護繩節（Rakshabandhan）

在每年西曆5月的月圓日舉行。節慶這天，所有印度婦女不分宗教和種族，會把絲線織成的繩子和花朵，繫在自己的兄弟姊妹和好友的手腕上，乞求對方的協助與保護，象徵親情與友情的堅定。根據印度神話，在古代，許多神祇被魔鬼從天上趕下人間，下凡的眾神為了反抗邪魔，將一根繩子作為信號，互相傳訊並且聯合戰鬥，最後終於將邪魔逐出家園，就是這個節日的由來。

5. 十勝節（Dussehra）

　　九夜節的最後一天即為「十勝節」，是慶祝「羅摩」（Rama）戰勝十首魔王「羅波那」（Ravana）的節慶。節日期間，無論城鎮鄉村，人們一連10天搭台演出描寫羅摩王生平的歌舞劇「羅摩哩啦」（Ramayana），並在第10天焚燒「羅波那」的雕像，象徵「羅摩」的勝利。

法泰普里清真寺裡的一對小兄弟

◆ 何時去

　　印度幾乎沒有春天和秋天，季節區分夏季、冬季跟雨季三種。

　　每年的11月到隔年的3月是印度的冬季，除了北部少部分的區域會有極度寒冷和降雪的天氣外，其餘大部分地區的氣候還是相當舒適宜人的。

　　4月到6月是印度的夏季，印度大部分地區都處於熱帶型氣候，所以這時間是最炎熱的時節，對於不習慣熱帶氣候的旅行者來說，需要攜帶薄長袖避免高溫日曬。

　　7月到10月是印度的雨季，由於降雨導致濕氣嚴重的氣候，容易讓旅行者在這段時間發生水土不服的狀況。

參考文獻：History of India（Wikipedia）、印度文明（龍昌黃編著；華滋出版）、India（Lonely Planet）

02

行前說明

- ◆ 哪裡訂機票？
- ◆ 出發前的各項準備
- ◆ 印度觀光簽證自己來
- ◆ 印度機場搭機注意事項

◆ 哪裡訂機票？

1. hello ticket 國際機票網：
   https://www.wtt.com.tw/
   helloticket

   這是我個人最常使用的訂票網站，網頁易懂也方便操作，符合我的需求。公司位於台北，通訊往來方便，可以即時溝通。

2. Expedia：https://www.expedia.com

   簡單來說，這個網站是個機票價格的彙整網頁，資料蒐集各家航空公司航班資訊，依照計畫出遊日期搜尋價格，是個很方便的機票比較網。

充滿宗教風格的英迪拉・甘地國際機場

印度盧比

3. skyscanner：https://www. skyscanner.com.tw

　「skyscanner」可能是旅行者最熟悉的機票比價網了，和「Expedia」一樣，都是彙整各家航空票價。需要注意的是有些開票的旅行社並不在台灣，所以如果票務出了問題，除了EMAIL往來之外，可能需要花費一筆國際電話費去溝通。

♦ 出發前的各項準備

1. 藥物：胃腸藥、維他命C片（可溶於水當開水喝）、感冒藥以及粉狀的電解水。其餘藥品則視個人所需準備。

2. 貨幣：出發前兌換美金（或是其他國際通用貨幣），盡量選擇大面額幣值，面額大小會影響盧比兌換的匯率。

3. 信用卡：出發前可以向發卡公司申請增加臨時信用額度。

4. 提款卡：需要在國內先開通海外提款的設定。

印度盧比

5. 衣服：酷熱的夏天，除了短袖外，建議帶件薄外套遮陽。另外，在保守的印度社會裡，女性外出時應盡量避免穿著短裙或短褲，很容易引人側目。冬天則是非常乾冷、日夜溫差大，所以我會另外攜帶睡袋，而羽絨衣也是必備衣物。

6. 口罩：很實用的必備品，除了可以隔絕不好的空氣，也可以隔絕陌生人的打擾。

7. 轉換插頭：印度的插座是2個圓孔或3個圓孔，直接買顆全世界可用的萬用轉換插頭即可。

8. 濕紙巾：隨時隨地可以擦手，保持衛生。

9. 面紙：印度販售的衛生紙多是捲筒衛生紙，單包攜帶方便的面紙很少見。

10. 童軍繩：在飯店晾衣服好用。

11. 3C用品與延長線：民宿裡的插座通常只有1～2個，可以自備一條延長線，解救現代人的基本需求。記得帶妥所有的充電器、電源線、USB插座。

印度插座

12. 保養品：印度屬於乾燥大陸型氣候，準備足夠滋潤的乳液跟護唇膏很重要。

13. 隱形眼鏡：近視的朋友建議事先備好，在印度，眼鏡店不太常見。

14. 耳塞：夜晚可能有點吵鬧，以防不時之需。

15. 盥洗用具：平價民宿很少為客人準備盥洗用具，需要自備。

◆ 印度觀光簽證自己來

印度觀光旅遊簽證有3種，紙本分為「1年紙本觀光簽證」與「1～5年紙本觀光簽證」，另外還有一種則是「e-VISA電子觀光簽證」。辦理3種印度觀光旅遊簽證都需要事先上網申請，進入申請網頁後，網站提供1組密碼，將密碼記下，不慎當機時，還能以此密碼進入填寫中的頁面。表單問題繁多，請謹慎填寫。

「1年紙本觀光簽證」與「1～5年紙本觀光簽證」：

- 網頁申請需要上傳6個月內所拍攝的5cm×5cm白底彩色大頭照，將網頁申請的表單列印出來後，需再另外黏貼1張5cm×5cm大頭照。

- 準備好網頁申請表單、1份不需裁切的A4紙張身分證影本，與至少6個月有效期以上的護照至「印度—台北協會」申請辦理。

- 申請「1～5年紙本觀光簽證」需要與印度官員面試，「1年紙本觀光簽證」則不需要。

- 「1年紙本觀光簽證」與「1～5年紙本觀光簽證」申請網

簽證辦理時間

印度—台北協會

跟著指示牌，走到機場海關（Immigration）

址：https://indianvisaonline.gov.in/（網頁上請選 Regular Visa Application）

- 目前「1年紙本觀光簽證」費用為3,400元，「1～5年紙本觀光簽證」為6,600元，2種觀光簽證都可多次進出印度。送件的隔天下午即可取件，如果被退件則不會退還費用。

- 「1年紙本觀光簽證」與「1～5年紙本觀光簽證」的起始日計算從拿到簽證那日開始，切記申請表單送交「印度—台北協會」申請辦理的時間請在網路申請填表後30天內辦理。

「e-VISA電子觀光簽證」：

- 準備好至少6個月有效期以上的中華民國護照（彩色電子檔PDF格式，檔案大小約10KB～300KB）、5cm×5cm大頭照

◎「印度—台北協會」

地址：11012 台北市基隆路一段333號　國貿大樓　2010 - 2012室（簽證組在2012室）

時間：紙本觀光簽證申請程序為早上9：30～12：00送件；

　　　隔天下午15：30～17：15領件

電話諮詢：+886 - 2 - 2757 - 6112 or 6113（PM15：00～17：00）

傳真：（02）2757 - 6117

電子信箱：secycons2.ita@mea.gov.in

◎這幾年印度觀光旅遊簽證申辦規則經常有變化，申請簽證時請務必向「印度—台北協會」再次確認。

◎新台幣與印度盧比的匯率約為1：2。

（JPG格式，10KB～1MB）、信用卡。

- 建議使用Google Chrome瀏覽器申請，「e-VISA電子觀光簽證」表單跟「紙本觀光簽證」線上申請的內容大致相同。「e-VISA電子觀光簽證」的效期為120天（申請核准後120天的期間內入境印度，但在印度最多只能滯留60天，如有特別案例則以官方回函為主），屬於可以2次進出印度的簽證。

- 線上申請上傳完畢後可以選擇預覽，確認無誤後再傳送。

- 填表送出後大約72小時內會收到回函，請將ETA（Electronic Travel Authorization）所核發之回函列印成紙本，入境印度時，供印度海關查看，這張回函需保留到出境印度為止。

- 「e-VISA電子觀光簽證」費用為80美金（約2500元），另外需要負擔2.5%刷卡費。申請網址：https://indianvisaonline.gov.in/（網頁上請選 e-VISA）

◆ 印度機場搭機注意事項

1. 於印度各機場搭機時，在航廈入口處都有警衛檢查電子機票列印單及護照，所以一定要將電子機票列印紙本，並且隨身攜帶以備查驗。如電子機票顯示的搭乘日期並非當天班機，一概無法進入機場。

2. 印度國際線機場的安檢非常繁瑣，建議搭乘國際線的旅客，務必提前3～4小時抵達機場，以免發生錯過班機的窘境。如果是國內線，也建議提前2小時抵達機場。

3. 隨身行李通過X光安檢時，旅客同樣也需要通過海關人員檢查，通關檢查通道男女分開，檢查時

在德里進入許多大型公共區域，都需要過安檢。

務必將登機證隨身攜帶，通過安檢海關人員會在登機證上蓋合格章。

4. 國內線航班的大件行李過X光安檢之後，安檢人員會在行李拉鍊處貼上一小張的安檢合格標籤，如果標籤被撕下或遺失，則必須重新再過一次X光安檢。

5. 入境印度時，請向空姐或機場海關處索取入境單填寫，入境單中英文對照請參考以下：

◎入境單中英對照與說明

1. Name（as in passport）Leave one box blank after every part of the name/initial

1. 英文名字（同護照上的英文名字）→寫完一個單字就空一格。

2. Date of Birth（DD/MM/YYYY）

2. 出生日期（日/月/年）

3. Passport Number

3. 護照號碼

4. Flight Number

4. 班機號碼→飛抵印度的班機號碼。

5. Date of Arrival（DD/MM/YYYY）

5. 抵達印度的日期（日/月/年）

6. Countries visited in last six days

6. 六天內待過的國家→如果是台灣直飛就寫上Taiwan。

7. Address in India

7. 待在印度的地址→任何一間入住的飯店或民宿地址都可以。

8. Telephone Number

8. 電話號碼→可以寫上台灣的電話號碼，記得加上國碼 +886。

Signature of Passport

簽名→如同護照上的簽名。

Immigration Stamp

印度海關蓋章→此處千萬不要寫上任何東西。

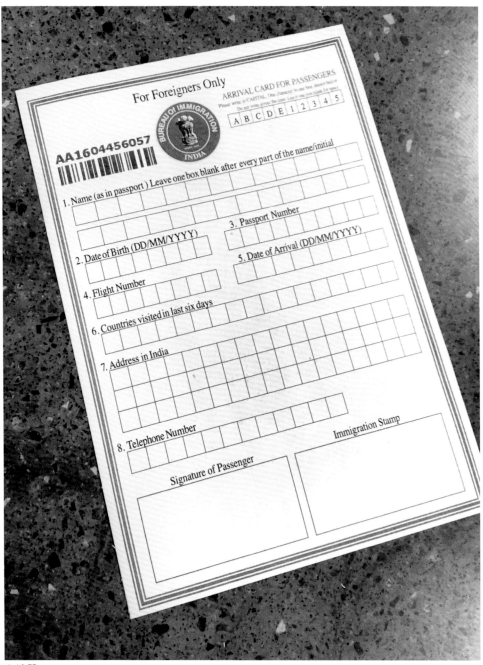

For Foreigners Only

ARRIVAL CARD FOR PASSENGERS

Please write in CAPITAL. One character in one box shown below.
Do not write across the lines. Leave one box blank for space.

| A | B | C | D | E | 1 | 2 | 3 | 4 | 5 |

AA1604456057

1. Name (as in passport) Leave one box blank after every part of the name/initial

3. Passport Number

2. Date of Birth (DD/MM/YYYY)

5. Date of Arrival (DD/MM/YYYY)

4. Flight Number

6. Countries visited in last six days

7. Address in India

8. Telephone Number

Immigration Stamp

Signature of Passenger

入境單

03

前往印度首都
德里（Delhi）交通

♦ 由英迪拉·甘地國際機場（Indira Gandhi International Airport）搭乘交通工具
　進入德里市區
♦ 德里市區交通工具介紹

♦ 由英迪拉・甘地國際機場（Indira Gandhi International Airport）搭乘交通工具進入德里市區

1. 機場快捷：（Delhi Airport Metro Express）

「機場快捷」是德里地鐵的一支分線，顏色是橘色，所以又稱橘線，營運時間為上午04：45～晚上11：30。出境機場後，跟著指示標誌進入機場快捷，從機場到新德里的票價是60盧比，每15分鐘發車，地鐵站內禁止飲食。

進入機場快捷需要通過安檢，行李數量較多又大的旅客需要厚實的臂力把行李扛上X光安檢輸送帶上。車廂裡有放置行李的空間，也有螢幕告知旅客抵達的站名，德里機場快捷是易懂又簡單的交通工具。由於印度政策常有更動，相關資訊可以查詢德里地鐵公司：http://www.delhimetrorail.com

2. 機場巴士（IGI Airport Bus Service）

「德里運輸公司」（DTC）的巴士約30～60分鐘開出一班，往返機場與德里市中心的巴士總站

排隊過海關

機場換匯櫃檯，但匯率比市區差，建議只要先換50美金即可。

預付計程車服務櫃檯

機場外交通工具的指示牌

（Interstate Bus Terminal）與康諾特廣場（Connaught Place）。巴士站位在國際航站樓第3航廈外的18號柱子，如不清楚位置，可以詢問機場人員正確的等車處。機場巴士24小

時營運，但時間越晚，班次間隔就越長。從機場出發的巴士，收費介於30～100盧比之間，視乘客的目的地而定。

3. 機場預付計程車（Prepaid Taxi）

所謂的「機場預付計程車」，就是在機場先預付費用，再搭乘到目的地的一種計程服務。國際航站樓第3航廈出海關後，就可以看到預付計程車的服務據點，服務人員會依據乘客的目的地收取費用，之後給乘客1張收據，收據需要小心保留。

英迪拉・甘地國際機場與3家計程車公司合作，分別為「Meru Cabs」、「Mega Cabs」與「Easy Cabs」。乘客在抵達目的地後，將收據交給計程車司機，服務據點的公司才會付費給司機。

由於收據上有計程車的編號，只要穿過大廳，就會有專人會幫你找到你預約的計程車司機，如果沒有人協助，也可以請服務據點的人員幫忙。

機場到市區的巴士等候處

計程車候車處

4. 機場跳錶計程車

　　機場外也有一般的跳錶計程車，但因無法掌控每台計程車的狀況，較無保障，建議搭乘機場預付計程車。前往市區的車程大約需要40～60分鐘，視車況而定。

5.Uber / Ola 網路叫車服務

　　印度人將汽車視為身分的象徵，隨著網路叫車的風氣漸行後，慢慢地，印度人也開始接受「分享」概念。Uber首先先在印度的班加羅爾（Bengaluru）推出了「UberPool」服務，而後2015年12月，此項服務開始進入德里（Delhi）、海得拉巴（Hyderabad）、加爾各答（Kolkata）、孟買（Mumbai），最後也進入了清奈（Chennai）。

　　Ola網路叫車是印度當地使用的叫車系統，頁面操作使用跟Uber有些差異，相同的是皆以Google Map為導航，價格上的落差不大。

6. 飯店機場接送服務

在台灣訂好飯店後，可以與飯店連繫要求機場接送服務，也是一種安全的選擇，只不過相較之下，價格是最高的。

NOTE

◎小叮嚀

以我個人的經驗來說，「機場快捷」是進入德里市區最省錢的交通工具。如果需要搭乘計程車時，請務必確認抵達目的地後，再給司機費用或是收據。

至於Uber，會是我第2個選擇，因為價格透明又能追查司機路線，同時可以選擇信用卡付費，但因為語言不通，加上上車地點都需要電話往返確認，所以如果沒有印度當地的SIM卡，則會相當不方便。

跟著標誌走，不怕迷路。

♦ 德里市區交通工具介紹

1. 德里地鐵（Delhi Metro）

它是服務於印度首都區德里、古爾岡（Gurgaon）以及諾伊達（Noida）的一個捷運系統。運輸網絡包括總長約288公里的8條線路，有高架、地面以及地下軌道。

德里地鐵的營業時間自早上5：00～晚上11：30，尖峰時間的發車約為2分半鐘一班。地鐵每天的運送量平均為150萬乘客，相當驚人。

購買車票有2種選擇：圓幣票和地鐵智慧卡（Delhi Metro Smart Card）。在尖峰時間購買圓幣票，需要與在地人擠到櫃台購買，相較之下耗時又耗力。因此，建議購買地鐵智慧卡（Delhi Metro Smart Card），一張是200盧比，購買地鐵智慧卡有專門櫃檯，使用上比圓幣票簡單快速，但缺點是卡片裡沒有使用完畢的餘額無法退還。

進入德里地鐵需要通過X光安檢，地鐵的保安人員會要求每1名進站乘客將背包跟提袋等隨身行李放入X光安檢輸送帶，同時每位乘客也需要通過金屬探測檢查才能進入地鐵。

德里地鐵禁止飲食、攝影、拍照，設有女性專用車廂，顛峰時間（約下午6：00～晚上9：00）的搭乘人數相當擁擠，建議避開。德里地鐵地圖的取得需要運氣，建議每次進出站時向櫃台人員詢問，或許有取得的可能性。

NOTE

◎詳細資訊

· 德里地鐵的FB粉絲專頁：
Delhi Metro Rail Corporation Limited
· 德里地鐵總部地址：
Metro Bhawan, Barakhamba Road,
New Delhi
· 德里地鐵的官方網站：
www.delhimetrorail.com

2. 德里市區公車（Bus）

市區公車行經德里大街小巷，票價便宜又兼具城市觀光的好處，但搭乘公車對旅行者是困難的，因

進入地鐵前需要先過X光安檢

車票與收據，地鐵車票是塑膠幣。

地鐵站的禁止標示

3. 嘟嘟車（Auto-Rickshaw）

　　嘟嘟車也是計程車的一種，每輛車上都有計程錶，但不太有人願意使用計程錶，都是直接就地喊價。外國人聚集區的嘟嘟車司機起跳價通常直接加2倍，英文越好的司機喊價越高，所以建議盡量遠離外國遊客較多的地方叫車，另外還有一個小祕訣，就是可以事先詢問在地人搭乘的價格後再行叫車。

4. 人力車（Rickshaw）

　　人力車是短程搭乘，價格比嘟嘟車低廉，多在地鐵站或是觀光景點處聚集。人力車夫多是由鄉下到德里打工的底層人士，教育程度較低，不會英文，也不識字，由於無

為公車路線繁雜，僅能依靠在地人的協助。公車票需要上車後向票務人員購買，票價5盧比起。

法負擔房租費用，晚上常會直接睡
在自己的人力車上。

5. 電動人力車（Electric Rickshaw）

電動人力車不需要駕照，司機
多為年輕人，也是短程交通工具
的選擇之一，雖然稱為「電動人力
車」，卻有類似接駁車的功用，一
輛電動人力車可以乘載7人，一段票
價10盧比。

6. Uber ／ Ola 網路叫車

不喜歡喊價的旅客很適合搭乘
「Uber」或「Ola」等網路叫車服
務，手機直接下載 APP，設定好姓
名、手機電話跟信用卡，就可以開
始使用此項服務。德里的「Uber」
與「Ola」都能選擇現金或信用卡
付費。雖然網路叫車會秀出約略
計算後的價格，但隨著時間與公里
數的增加，價格也會跟著浮動。
在德里，「Uber」還有一種共乘的
「Uber Pool」，它會找尋同路段的
乘客一起搭乘，資費是固定。

艷陽下的人力車夫

電動人力車

Uber

04

熱鬧繽紛又多元
新德里（New Delhi）

♦ 旅人的第1站：帕哈甘吉（Paharganj）

🚇 地鐵站：New Delhi / RK Ashram Marg

帕哈甘吉位於新舊德里交接點，新德里火車站（New Delhi Railway Station）是此地的大地標。它鄰近舊德里（Old Delhi）與康諾特廣場（Connaught Place），從機場可以搭乘機場快捷直達新德里火車站，所以帕哈甘吉可以說是所有背包客接觸德里的第一印象。

什麼都有、什麼都不奇怪

一般而言，車站附近通常是熱鬧又便利的環境，帕哈甘吉也不例外。這裡有非常多的平價民宿，同時也是人力車夫以及嘟嘟車的聚集地，周遭還有許多商店與藥局，民生用品應有盡有。從高檔到平價的服飾、披肩、珠寶、茶葉、線香、

牛隻運送

錫克教徒

新德里火車站

手工紀念品，再到手機SIM卡、3C產品周邊與棉被睡袋等等，都可以在帕哈甘吉的主要街道上找到。

由於我到德里的第1站都是帕哈甘吉，從機場搭機場快捷到新德里火車站下車，需要穿越車站才能到達我預訂的民宿。出了機場快捷後，這趟旅程的考驗也就開始了，是否愛上德里的心情，在這一刻就注定了。

第1次到德里時，有朋友帶著我進入帕哈甘吉，所以一切順利。第2次來到德里，換我帶著朋友來。那時出了機場快捷，門口有位熱情的警衛幫我們叫了輛嘟嘟車，甚至還為我們跟嘟嘟車司機喊價到一個超乎預期的划算價格（正常價位約80～100盧比，但這位司機卻以40盧比成交），熱情警衛叮嚀我們帕哈甘吉因為宗教節慶的關係而無法進入，需要事先向辦事處申請入境證，所以耳提面命告訴司機載我們去辦事處申請資料。由於警衛伯伯的印式英語口音有點重，雖然還沒聽清楚他說的話，但嘴巴就無意識地回應了「OK」。嘟嘟車司機也非常盡責地載我們到一個被拒馬擋住

學校放學

人力車就是家

的路口，路口處的通關人員熱情地看著我列印的旅館名稱，然後告訴我們那條街道因為慶典無法進入，必須取得入境證，我再次說了句聲「OK」。接著，司機載我們去申請入境證的辦事處，當時隱約覺得事有蹊蹺，但好奇心作祟，還是讓司機載了過去。

一看到辦事處位於地下室時，我內心危機意識驚醒，馬上拉著夥伴下車，對著要求付錢的嘟嘟車司機喊著「No hotel, no pay！」，嘟嘟車司機相當生氣的對我大叫「What's wrong with you?」。不過我仍是拉著夥伴不回頭，走回大馬路上叫了輛嘟嘟車直接去旅館。果不其然，旅館附近的道路通行無阻，根本沒有什麼慶典跟交通管制。

要知道印度的公務人員其實「非常準時」下班，甚至連精神上都會「提早」準備下班，所以要找到超過下午5點後還在辦公的公務人員實在不容易。就我認識的印度人，他們都非常歡迎外國人一起享受節慶的喜悅，很少遇到封路的狀況。所以萬一真的遇到跟我相同的情況時，最好的辦法就是直接詢問其他印度人或是去電旅館印證是否屬實。

沒有圍欄的陽台日常

雖說這種不太愉快的小插曲偶爾會發生，但終究影響不了我喜愛印度的心情，我依舊相信絕大多數的印度人都是友善熱情的。無論如何，旅行總會有許多突發狀況，隨時做好心理準備，享受一場不一樣的文化衝擊，也是旅行的樂趣。

無拘無束的生活方式

帕哈甘吉的主要商業聚集處就是中央市集（Main Bazaar），它是一條結合了夜市、平價民宿、還有菜市場和路邊攤的區域。如果要具體描述這整個區域，真的需要點想像力，想像中央市集在一座巷弄錯綜複雜的夜市裡，周遭全是各式各樣的小店，還有上百間的飯店、民宿與餐館林立其中。有些窄小的街道裡還有一堆人力車和嘟嘟車魚貫穿梭。街道上擠著數以千計的印度人跟外國背包客，汽機車的喇叭聲

沒有停過地響著，加上此起彼落的攤販叫賣聲，有坑洞的黃土路偶爾揚起塵灰，牛隻們咀嚼著角落塑膠袋裡的食物。其實只要把中央市集的想像放大，就是整個帕哈甘吉的面貌。在這裡，印度人自在的生活方式展現無遺，也是我屢次入住這裡的最大因素。

在中央市集裡購物，最好貨三比家再出手，討價還價也是在此生活的必要技能。這裡的買賣幾乎都是付現，如果需要刷卡，通常會收取3～5%的刷卡手續費。如果到高檔一點的餐廳用餐，則是需要外加10～26%的消費服務稅。

主要街道上的外幣兌換站（Money Exchange）和西聯匯款（Western Union）很容易找到，街上的ATM也能領取盧比。生活用品跟食物取得相當便利，手機的SIM卡也很容易買到。我個人建議SIM卡在自己居住的區域附近購買，雖然機場也有販售SIM卡的服務，但是印度SIM卡的開通需要12～24小時，如果SIM卡在設定上有任何問題，才好就近請他們協助處理。

就我個人而言，選擇住宿點的話，比較傾向落腳在中央市集旁約10分鐘步程的阿卡薩路（Arakashan Road）上。

阿卡薩路這條街也有滿滿的民宿與飯店，生活機能同樣便利，而且相對於中央市集的熱鬧繁華，這裡比較舒適清幽。一般外國旅客較會選擇阿卡薩路前半段的住宿，但是真正在地人的聚集區塊卻是在阿卡薩路的後半段。也因為是在地人的主要消費地區，所以價格上比較平實，許多好吃便宜的穆斯林小餐

直接在路邊睡覺的流浪漢

館都在阿卡薩路後半段的巷弄裡。

在這裡，印度人的表情比起外國人聚集的區域友善溫和許多，雖然他們大多不會英文，但是簡單的比手畫腳與肢體語言溝通，還是可以了解彼此的需求。真心覺得，如果能從帕哈甘吉適應下來的話，那麼造訪德里其他的區域都不成問題了。

NOTE

· 當司機告知旅行者要去的地方被封鎖之類的話時，請不要輕易相信，直接換一輛車前往自己的目的地。

· 帕哈甘吉這個區域的3星級以下的飯店，在訂房網站上的照片與實際上的房間可能有落差，所以建議先預訂1晚入住後確認狀況，再決定是否續住或變更飯店。

· 購買手機SIM卡需要護照影本跟申請人的相片1張，印度的SIM卡儲值分成網路與通話2種，儲值前務必明確告知店家自己的需求。

· Uber在德里相當便利，比起擁擠的地鐵或是需要討價還價的嘟嘟車，它是讓我覺得最舒適的交通工具。

· 印度人有著好奇、愛湊熱鬧的民族性，遇到危險時，可以大聲喊叫吸引其他印度人的注意後，盡快離開現場。

· 「外國人＝有錢人」是很多印度人的想法，簡單樸素的打扮比較不容易被有心者覬覦搭訕。

· 入住飯店後，建議立刻檢查熱水溫度是否夠熱，冷氣運轉是否順利，Wi-Fi是否順暢，電視如何使用，插座位置以及床墊舒適度。有些飯店熱水並非24小時供應，需要熱水時，要請櫃檯將熱水器轉開。

♦ 雙環放射的喬治亞建築：康諾特廣場（Connaught Place）

🚇 地鐵站：Rajiv Chowk

康諾特廣場是以英國的維多利亞女王（Queen Victoria；西元1819~1901）的第3皇子亞瑟王子（The Prince Arthur, Duke of Connaught and Strathearn）命名。整個廣場建築以喬治亞風格打造，有巴洛克建築的曲線和洛可可風格的裝飾，是文藝復興時期流傳下來的古典主義。它是新德里的核心位置，以7條放射狀線劃分為14區，正式名稱是「Connaught Circus」，當地人將整個區域稱為「CP」。

新德里最大的商業中心

康諾特廣場是新德里最大的商業中心，在這個區域裡有銀行、郵局、航空公司、飯店、電影院、書局、餐廳等等，許多世界知名品牌的店面，幾乎都可以在這個巨型的雙環形建築裡發現。廣場的中心點是座中央公園，在冬日的午後陽光下，常見印度人躺在草皮上休息聊天。

由於這座廣場可說是遊客必到之處，所以「積極的推銷者」也多。常會有陌生人主動搭訕遊客，告知廣場今天休息，要帶遊客去印度人的在地市集購物。雖然「積極的推銷者」有點多，但是只要不回應也不跟對方的眼神交會，他們也

「K-BLOCK」區

「M-BLOCK」區

標上英文字母的街區

地瓜是印度人非常喜愛的街邊小吃

無可奈何。走路逛街小心背包和錢包是走遍天下不變的真理，只要不表現出自己是初來乍到的觀光客，就不容易引起注意。

另外，廣場裡有許多擦鞋童會央求擦鞋補鞋，如果不趕時間，可以讓這些擦鞋童賺點零用錢，這些孩子大多出身貧困的家庭，擦鞋是他們幫助家中經濟唯一的技能。有一年在康諾特廣場，我遇見一位年僅17歲的擦鞋童，擦鞋過程中和這位年紀非常輕的少年聊天後，才知道他去年剛與一位16歲的女孩結婚生子。這位男孩打從7歲起便在廣場裡擦鞋討生活，沒有上過學，嘴上能說的一口流利英文，是與觀光客對談中學習來的。語言影響生意，英文能力越好生意自然也越好，但畢竟沒有上過學，所以讀寫不好，

這樣的情況在底層的印度社會相當普遍，所以只要價格談妥，何樂而不為呢？

值得細細品味的區域

這座喬治亞風格建築佇立在德里裡，顯得十足的摩登與現代。廣場的街道跟帕哈甘吉（Paharganj）

廣場熱鬧的街景

H&M店內

基等等，這麼多元的消費選擇，真的可以滿足各種不同需求的遊客；這些繁華多樣的商店，足以讓遊客消磨好多天。不過還是要提醒行程緊湊的遊客，若能事前先做點功課，規劃出自己的參觀購物路線，就不至於消耗太多時間，迷失在偌大的廣場裡了。

憑心而論，跳脫這些少部分的「積極的推銷者」之外，康諾特廣場確實是個值得細細品味的區域。除了建築物本體非常特別且引人注目外，還有許多國內外的知名品牌駐點於此。如果真要仔細逛完整個

相比乾淨舒適得多，除了有免費的公共廁所外，很多餐廳與咖啡館也能進去借用廁所。而且廣場裡大多印度人對遊客都非常友善也樂意協助；街上的帥哥美女也很多，五官立體的印度人當然也是我拍照的重點囉。

除此之外，還有很多異國料理餐廳、五星飯店、高級珠寶店、傳統改良服飾店、手機3C店、H&M、大型書店、星巴克、麥當勞、肯德

NOTE

- 人力車禁止進入康諾特廣場，請利用地鐵、公車、嘟嘟車、或是計程車前往。
- 謹記眼見為憑，不要輕易相信某些人告訴你廣場今天關門的推銷話術。
- 路邊攤購物時，可以先觀察在地人的交易價格後再下手。
- 避免被強迫推銷的唯一竅門，就是不要跟主動前來攀談的陌生人說話。

廣場，我想雙腿應該會走到抽筋吧。個人覺得這區域的店家分類有點分散，建議主攻幾間想要購物的品牌或是餐廳就可以了。最後，我也很建議在此看場印度寶萊塢的電影，體驗印度人在電影院裡跟隨著電影情節瘋狂激動的情緒，看著他們投入故事情節裡的激動，真心覺得印度人相當有趣又可愛。

♦ 德里在地人的市集：香卡市集（Shankar Market）

🚇 地鐵站：Rajiv Chowk

市集入口

香卡市集是德里最古老的市集之一，市集的1樓有110間店舖，由53棟建築物組成。它建造於印度獨立前，位於德里市中心，是最容易到達的市集之一。建築外牆有許多繽紛亮麗的壁畫彩繪，近來更將市集重新整理規劃，在棟距之間掛上醒目的黃底紅字數字標誌，讓外來的遊客不容易迷路。市集裡還設有乾淨免費的公共廁所。

完全印度人的在地市集

幾次來德里，拜訪的幾個市集，都是因為工作的關係，香卡市集也是其一。這個市集因鄰近康諾特廣場（Connaught Place），許多在康諾特廣場工作的印度人會到這裡用餐。印度人造訪此地的原因也很簡單，因為相較於康諾特廣場，這裡的消費真的便宜許多，所以僅一條馬路之隔，卻可以感受到2種不同的風情。

當時我在康諾特廣場裡買了幾條裙子，長度都過長，需要修改，而德里的店家通常不負責修改，所

印度婦女的傳統服飾「庫塔」

煎馬鈴薯是德里常見的街頭小吃

裁縫師清一色都是男性

以店裡的工作人員帶我走去香卡市集找裁縫師，因此我才有機會認識這個饒富趣味的地方。

香卡市集真的很在地，多數商家賣著印度傳統服飾「沙麗」和「庫塔」。許多沙麗專賣店前都有裁縫修改師傅，這些裁縫師清一色都是男性，店員也是男性。光從這點，就可以看出男主外、女主內的傳統印度思維。除了印度傳統服飾外，這裡還有許多染布坊，客人可以拿著布料，請師傅幫忙染上自己

充滿各式彩繪的街區

喜歡的顏色。染完的布料，他們就直接披掛在路邊的機車上曬太陽，從這樣的小地方，也可感受到他們處理事情的作風。

在印度，幾乎不論大小事物都需要討價還價，從一來一往之間，

找到彼此合意的價格再進行交易。也因此，來到印度，養成我喜歡找固定的師傅為我修改衣服，因為可以省卻議價的麻煩。而我的這位裁縫師傅，雖然不太能用英文溝通，但卻是個可愛又害羞的少年郎，開價也很合理，深得我心。每次他幫我量長度時，總會露出靦腆的笑容問我「Perfect?」，雖然裁縫師傅不擅長英文，但卻努力表達的心意，真切地讓我感受到他的認真與友善。

努力生活的一群印度人

因為香卡市集離我住的區域很近，所以找輛人力車花個30盧比就可以前往，對我來說很方便。修改後的衣服可以當場試穿，不合身的話可以請師傅再次修改，他們也不會拒絕。當我等待裁縫師傅修改時，總愛坐在店前的小廣場觀察工作時的印度人。

沒有客人時，他們總會開心地聚在一起談天說地；一有客人上門時，也是笑臉盈盈地迎接。不論客人有沒有消費，他們總是帶著笑容揮別，讓人感覺從容自在。一到中

染料

午餐中的印度人

午用餐時間，幾個好朋友就會聚在一起，拿出自家準備的便當餐盒，裡面總有印度人不可或缺的印度薄餅與咖哩。他們的午餐時間大約在下午2點到4點之間，晚餐則是晚上9點到12點之間。年輕的印度男生總顯得瘦弱，而年長的印度男人總有顆圓滾滾的大肚子，我不科學地猜想是因為長時間坐著，加上用餐時間不正常所影響。

在這裡，幾乎每家店前都有好幾座人型立櫃穿著沙麗，胸前掛著大大的紙板，上頭有手寫的價格標示，讓人一目瞭然。沙麗有個特色，就是色彩繽紛，非常亮麗奪目。一條長長的布料，經過巧手圍繞，就成了傳統的印度服飾。加上印度女性極愛亮晶晶的首飾配件，整體搭配總是閃亮耀眼，是我相機裡最愛捕捉的一抹豔麗。

等待師傅完成修改之際，我也會勇敢嘗試附近的路邊攤，可能是因為我走遍大江南北的因素，在印度幾乎不曾鬧過肚子。路邊攤的花樣很多，尤其油炸物很受到在地人的歡迎，一份食物20～50盧比就可以解饞，常常是他們晚餐前的小點

心。雖然多次造訪印度，但它仍有許多值得深究的面向，如同我的一位沙發衝浪客朋友所說：「每個旅人所看到的印度都不一樣。」

是的，當你走遍了許多旅遊書上的古蹟景點和購物中心後，來逛逛這個在地人的市集，感受在地人的生活態度，或許能看見不一樣的印度風情。在我眼裡，從這裡真真切切地看到了努力生活的一群印度人。

印度女性的傳統穿著打扮

◆ 世界第21大購物商圈：可汗市集（Khan Market）

🚇 地鐵站：Khan Market

1951年，一座U型雙層建築架構出可汗市集。可汗市集的命名來自於可汗·阿卜杜勒·加法爾汗（Khan Abdul Jabbar Khan），之所以如此命名，乃是在市集裡開設商城的第1批商人，感謝他在「印巴分治」後，協助大家安全地遷移到印度。現今，可汗市集的區域範圍遠遠大於1951年的規模，幾乎所有印度知名品牌都極力擠入可汗市集裡，畢竟這個區域外圍，有許多大使館以及上流社會階層的富裕人士。

2010年，「印度時報」（The Times of India）報導「Cushman & Wakefield」這家美國房地產公司將可汗市集評為世界第21大購物商圈。如今，可汗市集成為德里最昂貴的商業區之一，許多知名品牌都能在這裡找到，例如：PUMA、Nike、Reebok、good earth、Fabindia、Anokhi、KAMA Ayurveda……。

手做人偶

手織羊毛披肩

印度咖哩吃久了，會想念西式食物。

good earth手繪陶瓷杯的展示櫥窗

德里的頂級商業區

　　可汗市集確實是德里的頂級商業區之一，位於德里的心臟區，鄰近印度門（India Gate）與大使館區，更是外國遊客最愛造訪的購物市集之一。整個市集除了購物商店

眼鏡店外的裝置藝術好吸睛

為數眾多之外，連異國料理餐廳、舒適宜人的咖啡館、以及夜生活不可或缺的酒吧也有很多選擇。

　　這個市集應該是我在德里最常造訪的購物區了，幾乎所有店家門口都有警衛守護，是個非常安全舒適的購物環境。市集裡有幾間專門販售國外食品的店家，想吃點火腿、麵條或是花生醬之類的外國品牌食物都能在此購得，也因為如此，除了遊客之外，也是當地上流

充滿耶誕節氣氛的文具用品

社會喜愛的區域，它更是各大品牌的兵家必爭之地。

　　遊客太多也是有一些缺憾，那就是熱門商品常被掃貨一空。在德里同一品牌的店家通常沒有提供調貨服務，但這裡可以協助客人查詢其他分店的存貨，不過需要自己去分店取貨付款。基本上也沒有寄送服務的選項，或許是因為不想延伸出額外的買賣糾紛吧。

　　而我常逛的店家其實就是那幾

間，因為老是來去匆匆，所以很多商店真的只能欣賞櫥窗擺設，沒有多餘時間好好入內逛逛、細細品味，對於這點，真的很捶心肝。很多店家販售著非常獨特又別緻的商品，如果能擠出1～2天的時間，絕對可以挖掘許多寶物。

享受德里難得的夜生活

　　可汗市集裡的商家大多8點就休息了，但有少數幾間餐廳跟酒吧營業到晚上11點，所以想要體驗德里

高級感十足的銀筆套

理髮廳

夜生活的朋友們，可以趕在地鐵結束前，好好在此享受德里難得的夜生活。

　　為什麼要說難得的夜生活呢？因為印度所有的宗教一致認為喝酒是件不好的事，所以酒類產品很難在普通商店裡買到，通常需要透過熟門熟路的印度人才能知道哪裡有販售。加上印度政府本身也不提倡飲酒與抽菸，因此酒類跟香菸都被課予高額稅金，導致賣菸小攤販會出售單根香菸的情形。

　　可汗市集裡除了酒吧外，也有非常多的異國風味餐廳，雖然價格不菲，但是口味很不錯，能在鐵腿購物行程後，找間好吃的餐廳休息用餐，真的是我個人覺得最療癒的一件事情。

NOTE

・大多數的店家不允許店內拍照，甚至連櫥窗也不準拍。

・如果不小心買太多東西時，可以統一將物品寄放在同一家店，但必須在店家關門前去取物。或者也可以請店員幫忙把商品提上嘟嘟車或計程車。

・可汗市集裡的商家大多有刷卡服務，如果消費額度過高，有些店家會要求影印護照以備銀行查詢。

◆ 遠離喧鬧的綠洲：洛迪花園（Lodhi Garden）

🚇 地鐵站：Jor Bagh

- ◆ 費用：免費入場
- ◆ 開放時間：上午6：00～晚上7：30
- ◆ 地址：Main Lodi Road, Beside India International Centre, New Delhi, Delhi - 110003

洛迪花園是座占地超過360,000平方公尺的城市花園，花園裡包含建於西元1444年的穆罕默德·沙阿（Mohammed Shah；賽義德王朝第2位蘇丹王），還有建於西元1517年的希坎德·洛迪（Sikander Lodi；洛迪王朝第2位統治者）的墳墓。洛迪王朝是德里蘇丹王朝裡最後一個霸權，被蒙兀兒帝國的建立者巴布爾（Babur）擊敗後，德里蘇丹王朝正式滅亡。

希坎德·洛迪之墓建造的靈

洛迪花園入口

感，部分來自穆罕默德·沙阿的墓陵。採用八角形設計，建築風格為印度伊斯蘭建築（Indo-Islamic）。該墓是印度次大陸的第1座花園墓陵，同時也是印度最早的封閉式花園墓陵。

來新德里好幾次，這次在回台灣的前一天，終於擠出一個上午去參觀洛迪花園。一直以來，我都是搭著Uber玩寶可夢，經過這附近，看著螢幕上那唯一有著一堆補給站的洛迪花園地圖，卻總過門不入。

然而在德里的日子越長，越需要花園綠意的滋潤，長期待在喧囂的大城市裡，總讓我時不時需要綠洲的心靈撫慰。

乾淨、舒適的世外桃源

從手機的地圖上可以得知這座花園頗大，但無法得知裡頭的長相，而我來這裡的初衷也很簡單，就是想一探究竟這個有大把寶可夢補給站的所在，裡頭究竟是怎麼樣。洛迪花園對於在地人來說非常

洛迪花園內的大圓頂清真寺

精緻雕花的古蹟內部

墓陵內部

下一站，印度德里！

穆罕默德・沙阿墓陵

清澈小溪

有名，說它是德里的綠洲一點也不為過，花園極大，緩緩步入花園裡，就好像跟著愛麗絲進入了她的童話世界裡。

一早朝陽露出，微風輕飄，蟲鳴鳥叫的自然呼喚，讓我的身體徹底被眼前這片景色給療癒了。時間剛過3月，氣溫微熱，雖然早晚有溫差，但是日正當中漫步花園，仍需要穿件薄長袖，稍微隔絕過度熱情的陽光。整個花園遊客不多，清幽舒適，花園裡有古蹟、有墓園、有賞鳥區、還有一條帶著小瀑布的溪流。散步時，看著老人家坐在長椅上話家常，年輕人則是四處走走、到處拍照，我的心情也隨之悠然自得。

在松鼠們的跑跳之間，我開始怨嘆自己沒有早點來！這裡根本是德里的世外桃源，四處都是綠油油的植物，古蹟與自然和諧地相容並存，空氣裡飄散出濃濃的歷史情懷，雲水禪心的心境下把大城市帶給人們的壓力完全一掃而空，僅剩內心裡乾淨的純粹。

悠閒漫步走完花園起碼需要2～3小時，如果再細細品味端詳古蹟與綠意之美，半天的時間可能都不夠。想像在冬日裡的午後，拿本小說坐在古墓外閱讀，整個身心靈不僅只是洗滌而已，更是完全地放鬆自在啊！

◆ 蒙兀兒帝國的世界遺產：胡馬雍墓陵（Humayun's Tomb）

🚃 火車站：Harzrat Nizamuddin／地鐵站：Jawaharlal Nehru Stadium

◆ 費用：外國人600盧比
◆ 開放時間：上午10：00～晚上7：00
◆ 地址：Mathura Road, Opposite Dargah, Nizamuddin, New Delhi, Delhi 110013

胡馬雍墓陵建於西元1570年，位於新德里東南郊的亞穆納河（Yamuna River）畔。此處是蒙兀兒帝國（Mughal Empire）的第2代君主胡馬雍（Humayun）與其皇妃的墓陵，是座結合了伊斯蘭教與印度教風格的建築，也是蒙兀兒帝國第1座花園墓陵，聞名世界的泰姬瑪哈陵（Taj Mahal）更是以此為範本所建。

胡馬雍的父親巴布爾（Babur）是成吉思汗的第8代孫子，巴布爾靠著過人的睿智與驍勇善戰建立了蒙兀兒王朝。他將長子取名為胡馬雍，意指「幸運」。巴布爾在位4年後就過世了，留給胡馬雍一個非常不穩定的政權，在胡馬雍繼位9年後，便將帝國輸給了阿富汗的舍爾沙·蘇爾（Sher Shah Suri）。流亡

波斯長達15年的胡馬雍，最後在波斯帝國的協助下，順利奪回蒙兀兒王朝。

奪回帝國的隔年，胡馬雍就因觀察星象，不慎從樓梯摔下過世。此時的帝國政權仍不穩定，然而蒙兀兒王朝不僅能夠持續，並且還能到達盛世，這都歸功於胡馬雍的兒

墓陵標誌

穿著羊毛衣的山羊

穆斯林教徒

子阿克巴大帝（Akbar）。也是因為阿克巴大帝的聰明睿智，皇太后哈吉・碧崗（Haji Begum）才能建造這座偉大的墓陵。

結合了伊斯蘭教與印度教風格的花園墓陵

胡馬雍墓陵坐北朝南，墓陵前方有個方型水塘，周圍有棕櫚樹與絲柏。整座建築採用波斯風格的白色大理石以及印度風格的紅砂岩。

而墓陵的頂部，是白色大理石雕成的半球形體，圓頂上豎著一支金屬尖塔，這也是典型伊斯蘭教建築的特色。這座墓陵於西元1993年，被聯合國教科文組織列為世界遺產。

過去幾年整個印度景點的門票，幾乎同時漲了70～100%，所以幾個景點逛下來，花費也是不少。記得2017年末參觀胡馬雍墓陵時，正處於印度新鈔政策期間，2017年11月8日晚間，印度總理莫迪

（Narendra Damodardas Modi）宣布500和1000盧比面額的紙幣即刻作廢，導致幾乎所有人手上都沒有足夠的現金，現金變得相當珍貴。所以當時門外幾個外國人，一聽到門票價格時就退縮了，縱使很想買票進入參觀也無能為力，只能在外圍隔牆欣賞，無緣見到古蹟本尊。

對我而言，此建築物本體並非主要感動的原因，畢竟在印度有太多的古蹟和建築，比胡馬雍墓陵偉大的不勝枚舉。但是為何這座古蹟這麼特別呢？因為它是世界聞名的泰姬瑪哈陵（Taj Mahal）的建築範本，整整早了泰姬瑪哈陵100年就建造完成了。也就是說，這座偉大的建築物是第1座結合伊斯蘭教與印度教的原創建築，後世稱之為「蒙兀兒風格建築」。

彷彿時光倒流

由於我之前就參觀過泰姬瑪哈陵，所以胡馬雍墓陵牆上的幾何雕刻與中央大水池的那種濃烈波斯風

一群玩板球的青年

情，帶給我強烈的似曾相識感。墓陵裡的石棺是衣冠塚，建築工匠們的精湛手藝把墓陵打造得相當完美對稱。從牆上的格子窗往外看，總有一種特別寧靜的感受。這天參訪的遊客不多，偌大的花園顯得安靜祥和。這裡絕對是一處可以讓人花上一整天沈靜放鬆的好地方。

走出墓陵外，許多穆斯林的年輕人打著板球。在夕陽的餘輝裡，幾隻山羊穿著破舊的羊毛上衣被野放著。透過樹林與古蹟混合的光影，時間彷彿回流到15世紀。看著這群穆斯林少年玩著板球、聽著他們的嬉笑打鬧聲，我安靜地坐在草地上。沒了大城市的喧囂，才發現吸引自己眼光的，永遠都是人群。對我而言，再偉大的建築物裡，如果少了人群的聚合，就像是肉塊裡少了鹽巴的滋味。

直到傍晚時分，我仍依戀著這樣時光倒流感受不願離去，想把這種心情裝進記憶裡永久保存。唯一能做的事就是拍照，讓照片在未來，可以隨時把自己帶回如此靜逸的瞬間。沈靜莊嚴的建築與愜意嬉鬧的少年們，絕對是我日後想要再

板球是由英國人帶進印度，現在是印度的國球。

次拜訪胡馬雍墓陵的主因。

回程時天已經黑了，不想因為需要討價還價的嘟嘟車而破壞自己剛剛擁有的寧靜情緒，默默地選擇了搭乘地鐵回家的選項。不過地鐵站真的頗遠，最後在許多印度人的協助下，我搭上了公車回到帕哈甘吉。在印度，總容易因為人的因素，讓自己的情緒瞬間升高；但也總是因為人的善良回應，讓自己得以持續探訪這個多元又不可思議的國度。

NOTE

・如果有計畫去泰姬瑪哈陵的朋友，建議先造訪胡馬雍墓陵，再看進階版的泰姬瑪哈陵，比較一下囉。

♦ 德里的心臟：印度門（India Gate）

🚇 地鐵站：Central Secretariat

◆ 費用：免費入場

印度門高為48.7公尺，寬為21.3公尺，拱門的高度為42公尺，由紅砂岩和花崗岩所建成。它是新德里的重要地標，位於新德里的中心地帶與政府機關的要地，許多重要的道路，都是從印度門往外放射出去。

紀念一戰中犧牲的9萬名印度士兵

印度門最初稱為「印度戰士紀念碑」（All India War Memorial），啟建於1921年，由英國政府出資，耗時10年才完成。它由英國建築大師愛德溫‧魯琴斯（Sir Edwin Landseer Lutyens）仿造巴黎凱旋門的設計。建造的緣由，是第一次世界大戰時，印度以戰後的獨立做為條件，協助英國作戰，然而在付出了極大的犧牲後，卻未能獲得獨立，所以當時的英國政府為了安撫印度民眾，而建造了這座紀念碑，用以紀念在戰爭中犧牲的9萬名印度士兵。

印度門的牆面上，刻著戰死的9萬名士兵的名字，隨後在「中印邊界衝突」與「印巴武裝衝突」中所犧牲的13,500位印度士兵的名字，再度被刻在紀念碑上。

印度門

吹泡泡小販

印度門大概是印度人造訪新德里最愛的景點了。我走訪了2次，1次白天，1次晚上，不同時間的2次拜訪，都能看到滿滿的拍照人潮與為數眾多的小販。印度人愛拍照的風氣或許可以拿下世界冠軍了，除了喜愛拍照外，還喜歡拉著不認識的外國遊客一起拍照同樂。每次看著他們擺出特別又不介意旁人眼光的可愛姿勢時，我的嘴角總能跟著他們的喜悅往上翹了起來，這樣無拘無束的特性，也是我喜歡造訪印度的因素之一。

印度很大，所以新德里也很大，延伸出來的結論就是景點都很大。印度門周圍聚集了非常多的攤販，兜售著飲料、食物、水、髮飾跟塑膠珠寶，還有人拿出體重器做買賣，秤1次2盧比。除此之外，兒

體重計小販

童坐的小汽車跟賣吹泡泡的小販也很多，也有拿著單眼相機要幫遊客拍照的攝影師。來到這裡總能讓自己的心情放鬆，坐在草地上喝著1杯印度拉茶，看著印度人闔家嬉鬧的表情與各自忙碌的小攤人潮，彷彿把我帶回到小時候父親帶著全家出遊的印象，拉進童年歡樂的回憶裡。

印度人最愛的約會地點

遊歷德里多次，發現印度人非常喜歡自己做點小生意，小資金的規模在開始時，讓大家只能做相同的批發買賣生意。也因此，許多攤販兜售的物品大多一樣，招攬顧客的說辭也是如出一轍。但在這裡，攤販種類的多樣性讓人大開眼界，觀察攤販與遊客之間的互動是我個人旅行裡的小樂趣。平日白天的印度門是校外遠足的好地點，晚上則是情侶們喜愛消磨夜晚時光的約會地，假日更是闔家造訪開心拍照的好去處。

印度門本身的建築非常高大，周圍拉起封鎖線是禁止進入的，外面有許多軍警維安，還有士兵站崗，畢竟由印度門步行到國王大道，再走到盡頭就是總統府了，所以警察跟軍人特別多。常常覺得參觀印度的景點時，最後都會變成「參觀印度人」，想要拍個印度門的獨照也沒有辦法，總是一群人離

拍照人潮

開後，馬上又有另一群人補位上去，完全無法見縫插針，但也因為這些印度人讓我拜訪景點時特別安心，因為他們總讓我覺得自己一個人的旅行並不孤單。雖說印度門是座感念被犧牲的印度士兵紀念碑，但在我心裡，它已經悄悄被我改名成歡樂門了⋯⋯。

◆ 漫漫長路無止盡：國王大道（Rajpath）

🚈 地鐵站：Central Secretariat

◆ 費用：免費

國王大道是印度首都新德里的禮儀大道，東西走向。西起瑞希那山丘（Raisina Hill）的總統府（Viceroy's House；印度獨立前稱為「總督府」），向東經過勝利廣場（Vijay Chowk）、印度門（India Gate）、還有國家體育場（Dhyan Chand National Stadium），這條漫長大道終止於現在的總統府（Rashtrapati Bhavan）。國王大道兩旁都是寬廣的草坪和一排排的樹木，被認為是印度最重要的道路之一。

英國建築師艾德溫·魯琴斯（Edwin Landseer Lutyens）規劃了新德里的都市計畫，國王大道是整個都市計畫裡的中軸線。魯琴斯希

國王大道

望可以從瑞希那山丘的總督府看到德里的全景,所以有了這樣的規劃,而國王大道周圍大部分的建築,也多出自魯琴斯之手。

印度每年1月26日的共和日閱兵大典就是在此舉行,類似台灣的凱達格蘭大道,只是凱達格蘭大道的長度無法與之抗衡。

我的參觀路線是由印度門進入國王大道,當我走上國王大道之際,兩旁的嘟嘟車便一直停下來問我要不要搭車。當時的想法,就是覺得所有的嘟嘟車司機,應該都認為外國人很有錢,是去哪裡都得搭車的高貴生物吧!然而一切都是我自己想太多,當時的我很任性地選擇不搭,想說眼前幾公里外那個小小點的印度總統府並不遠,走走路,就當作是健行吧。

悠閒漫步於國王大道

國王大道的兩旁有許多的草地,而只要有草地的地方,就可以

政府機構

帶著幾分嚴肅的行政區

看到印度人躺在草皮上面休息或是野餐，這種悠閒的生活態度，其實是英國殖民時所遺留下來的習慣。

走了大約半小時後，我平時不常運動的雙腿開始痠了，而眼前那小小點的總統府，卻還是一樣小小地矗立在原地，大小絲毫沒什麼改變。此時，大腦充滿悔意，真希望一開始就坐上嘟嘟車，省去這看似無止盡的漫漫長路。

終於，前方的總統府看起來越

來越大。當距離越來越近之際，快廢掉的雙腿又恢復了年輕活力，緊繃的心情也開始放鬆，我心想果然不是海市蜃樓，這一切終究是真實的存在。於是趕緊拿出相機，拍攝眼前風景。只見大道上的汽機車仍是川流不息，但兩旁紅砂岩建築的議會廳卻讓空氣裡透著一點嚴肅的味道。

一路走到總統府，從寬廣的道路到濃烈歷史感的紅砂岩建築之間，可以感受到這裡與其他景點的差異，這裡是印度最高行政區域，雖然眼前開闊的視野讓心情很放鬆，但嚴肅的建築外觀與軍車出入的景象，讓這裡的氛圍迥然不同於其他造訪過的地方。這段路好似印度獨立的過程，漫漫長夜過後，迎接著光明燦爛的朝陽。

如果想要親自健行國王大道的朋友們，建議午後2點到傍晚6點前出發，微涼的天氣混合著夕陽的光線，除了是拍照的好時機之外，也可以學學印度人愜意地躺在草皮上，欣賞這個新德里最重要的行政區。

◆ 歷史的源起追憶：印度國家博物館（National Museum, New Delhi）

🚇 地鐵站：Udyog Bhawan / Central Secretariat

- ◆ 費用：外國人650盧比（包含語音導覽）
- ◆ 開放時間：上午10：00～晚上06：00，週一休館。
- ◆ 地址：Janpath Road, New Delhi, Delhi 110011
- ◆ 網址：http://www.nationalmuseumindia. gov.in/

印度國家博物館建於1949年，是由當時在位的印度總理尼赫魯（Jawaharlal Nehru）提議下所建立的。博物館有3層樓，藏有從公元前3世紀至今印度不同地區和時期的各種珍貴歷史文物，包括古代的銅器、陶器、木雕、錢幣、織品、珠寶、還有印度教眾神的石雕。而釋迦牟尼的真身舍利，則存放在1樓的泰式金色的佛甕裡。同時也有部分珍貴的外國文物，包含來自中國的敦煌繪畫，以及藏傳佛教的文物器物等等。

遍覽印度5000年文化

印度國家博物館坐落在國王大道（Rajpath）附近，是遍覽印度5000年文化與歷史的好所在。印度作為4大文明古國之一，這座國家級的博物館內藏有超過20萬件的珍貴文物，可以讓喜愛文物古蹟的遊客一覽印度文明的源由。

印度國家博物館離印度門不遠，步行可到，也可以搭乘計程車或是嘟嘟車前往。博物館外有寄物的服務，大型背包無法帶入館內。進入館內需要通過X光安檢，離開時也需要再過一次X光安檢。

博物館入口

珠寶館深受歡迎

由於參訪當天下午，剛走完漫漫長路的國王大道，又造訪了總統府（Rashtrapati Bhavan），再走到博物館時，雙腿已相當疲憊，加上時間也很有限，所以我挑了1樓的重要館藏仔細觀賞。印度國家博物館的2、3樓，大多展示印度古代各民族的宗教服飾、生活用品、以及民族樂器，最重要的館藏幾乎都在1樓。館內可以拍照，雖然有警衛守護，但戒備不太森嚴，唯獨聚集了最多在地人的珠寶館裡監控較嚴格。

我參觀的那天，本地遊客很少，多是外國人，館內看到的印度人，多數集中在珠寶展覽館裡。我自己也對珠寶首飾相當有興趣，從這些做工精湛的飾品設計，至今依舊流行於現在的印度社會裡，就能知道印度人將自己的悠長文化保存得相當完好。除此之外，很多珍貴的文物只用簡易玻璃罩著，或是根本赤裸裸地直接展示，讓人感覺與這些歷史文物拉近許多距離。

印度文明的多樣性造就文物的多元化，從絲路沿線裡挖掘出來的中亞寶物，對考古學家、甚或全世界人類而言，都是相當重要的寶藏。印度國家博物館的建築本身並

博物館外觀

語音導覽服務

館藏的石頭雕塑

博物館內部

不大,內部裝修也很簡單,倘若以台灣的故宮博物院或法國的羅浮宮那樣的既定印象去拜訪,可能會有點小失望,但展出文物的雋永價值,絕對能夠讓人細細品味。另外,如果沒有語音導覽的協助,會很難理解這些文物的重要性、以及它們在印度的歷史長河裡所扮演的角色,所以如果時間允許,最好使用語音導覽。

石頭雕塑

◆ 寧靜的心靈寄託：班戈拉‧撒西比‧謁師所（Gurudwara Bangla Sahib）

🚇 地鐵站：Patel Chowk / Janpath

- ◆ 費用：免費
- ◆ 開放時間：24小時
- ◆ 地址：Ashoka Road, Connaught Place, next to Grand Post Office, New Delhi 110001

「班戈拉‧撒西比‧謁師所」靠近康諾特廣場（Connaught Place），是錫克教徒重要的朝聖地。它原本是17世紀的印度統治者拉賈‧齋辛格（Raja Jai Singh）的別墅，稱之為「賈辛普拉宮殿」（Jaisinghpura Palace），後於西元1783年建造了一座小型寺廟，而寺廟後續的增建，大多在西元1947年後。錫克教的第8代上師哈爾‧克里鄉（Guru Har Krishan），曾在此用潔淨的井水，幫助治療罹患天花與霍亂的病人，最終自己也染上疫疾，於西元1664年的3月30日逝世。此後，寺廟裡的池水，被世界各地的錫克教徒尊為聖水，認為具有治療作用。

金碧輝煌的錫克教廟宇

此建築物的外觀，有著金色的圓頂和高聳的旗杆，非常引人注目。它開放給任何種族與信仰任何宗教的人進入參觀，但是進入時需要戴頭巾遮蔽頭髮，且不能穿鞋。

錫克教對國人來說可能有點陌生，在印度，錫克教徒雖然屬於少數份子，但是所有印度人絕對不敢輕視錫克教徒，因為他們非常團結。錫克教沒有神像，他們信奉「古魯」（Guru；這個稱號來自於梵語，意思是老師、指引者或導

白色大理石建築顯得高貴

寄鞋處

領鞋牌

看見教友落魄而不聞不問，會把財物或食物分給窮苦潦倒的自己人。錫克教徒保護手無寸鐵的弱者，手上配戴的鋼手環表示兄弟永遠團結，而配掛的短劍則是追求自由平等的堅定信念。

訴求人人平等的教義

一般遊客很少會跑進謁師所裡，尤其和自己信仰的宗教不相同時。當天進入謁師所的時間已經是傍晚了，之所以入內，首先是它的建築太過醒目，再來是我對錫克教一無所知，所以想要進去寺廟裡，領略不一樣的宗教氛圍。

謁師所相當大，當我入內寄了鞋，拿了鐵製的號碼牌，跟著人群

師），也不會積極傳教，因為錫克教承認其他宗教存在的意義。

錫克教最重要的謁師所，是旁遮普邦（Punjab）的阿姆利則（Amritsar）金廟。錫克教義強調人人平等，所以在蒙兀兒帝國的專制統治與英國殖民時期，錫克教徒掀起多次的反抗。

印度朋友告訴我，在印度，乞討者的信仰，幾乎涵蓋各種宗教，但獨獨沒有錫克教。儘管錫克教徒不施捨給乞丐，但他們不允許自己

禮拜家族

寂靜的聖池

喝聖水保佑

走入謁師所時，卻被一位錫克教徒
阻止。他比手畫腳地告訴我，必須
戴上頭巾才能入內，所以我便將披
肩往頭上遮蓋，換得可以自由在寺
廟裡移動的資格。

　　晚上6點多，寺廟裡正在誦經祈
福，我跟著錫克教徒席地而坐，專
心聽著古魯傳唱的經語，也同時觀
察一下周遭的錫克教徒。印度人平
和安詳的夜晚，大多與宗教有關，

為了來生不墜入輪迴，今生所有的
苦難都必須接受，並且時時誦經修
行與行善。

　　聽了大半小時的誦經後，離開
寺廟往後走，發現一座大湖，湖
水映著黃色燭光，寧靜極了。夜裡
透著涼意，身體越發冷了，腦袋想
著，下次要拉著老公再來一次。

錫克教徒重要的朝聖地

◆ 無法拍照的近代宏偉藝術：阿克薩達姆神廟（Akshardham）

◆ 費用：免費
◆ 入場時間：上午09：30～晚上06：30，
　週一休館
◆ 地址：Noida Mor, Pandav Nagar, New
　Delhi, 110092
◆ 官方網址：http://akshardham.com

感受印度教的文化歷史

　　阿克薩達姆神廟座落在亞穆納河畔（Yamuna River），是一座現代印度教寺廟，於2005年11月6日落成。超過3000名志工與7000名工匠合力完成的宏偉建築，裡面充分展示了古老的印度教文化與精神。

　　此神廟的核心建築，採用石塊堆砌。建築工人運用了古老的技術，將紅砂岩的浮雕刻在建築上，其中包含2萬尊神祇。遊客可以透過建築雕刻、影片欣賞、以及音樂噴泉，來感受印度教的文化與歷史。

　　參觀神廟的這一天，中午和印度朋友Gaytri約在月光市集（Chandni Chowk），Gaytri的姊姊為了親戚的婚禮，正大肆採購昂貴

的印度傳統服飾。然而，當時正值印度新鈔政策頒布不久，印度政府在不到24小時之內，廢除了面額500盧比以及1000盧比的大鈔，僅剩100盧比以下的小鈔流通於市面，所以全部的印度人跟外國遊客，都有新鈔不足的窘境。

Akshardham地鐵站

跟著標誌走

不可以攜帶進入的物品

　　當天Gaytri帶了大把的盧比舊鈔，想轉手給商家，但商家也不願意拿取舊鈔，最後由我支付了100美金結清了Gaytri姊姊的禮服費用，然後我們3個人帶著喜悅的心情，一起三貼在Gaytri的機車上，準備前往神廟。一路上說說笑笑，轉眼就到了神廟附近，Gaytri放我下車，告訴我那是一座很偉大的神廟。

　　上了天橋先到Akshardham地鐵站上個廁所，地鐵站裡的廁所需要付費，男生2盧比，女生5盧比。上完廁所後，一邊問路一邊前往神廟。神廟入口前的告示牌寫著手機、相機、包包全部不能帶進去，必須寄物才行。雖然寄物是免費的，但除了要填寫寄物單，還要跟著大批人潮一起排隊，完成寄物後才能進入神廟裡。

瓊樓玉宇的神聖居所

　　在神廟外有個大廣場，有食堂也有廁所，許多印度人在此席地而坐顯得十分悠哉。突然，看見了一對西方情侶，男生手拿單眼相機，想要請求服務台的通融帶進神廟裡，但還是行不通，所以造訪神廟卻又不願寄物的話，記得帶個皮夾去就好，或是與旅伴輪流入內參觀也是方法之一。

　　遠遠看著神廟，已經令人十分讚嘆，近距離接觸時更展現它的壯麗華美。太陽下山後還有燈光照射，更顯金碧輝煌。整座廟宇的建地非常廣闊，遊客眾多，是十分熱門的觀光景點。這座神廟的建築

遠眺神廟

雕刻精湛地展示了印度傳統建築的精髓，還有展廳與乘船遊覽讓人更加了解吠陀印度的歷史，而整齊乾淨的花園裡則擺了許多兒童、婦女、國家人物、自由戰士等等的青銅雕塑。這裡的一切正如此神廟的名稱，阿克薩達姆原文「Akshardham」，意思是指神的永恆、神聖的居所，如同「吠陀經」和「奧義書」中所定義的那樣，是神聖的奉獻、純潔與和平的存在。

NOTE

· 由於不能帶手機、相機、大包包，所以可以帶一個小包包放錢跟護照進入神廟裡。
· 記得帶上好走路的鞋、穿長褲。
· 選擇離峰時間來參觀，以減少排隊等候時間。
· 太陽下山後的神廟有燈光秀，比白天更美。
· 神廟裡有餐館，待一整天也沒問題。

05

見證印度古老傳說
舊德里（Old Delhi）

- ♦ 熙熙攘攘裡的一盞明燈：賈瑪清真寺（Jama Masjid）
- ♦ 蒙兀兒帝國的結束與印度的獨立：紅堡（Red Fort）
- ♦ 舊德里真實的面貌：月光市集（Chandni Chowk）
- ♦ 印度聖雄火化之地：甘地陵（Raj Ghat）

♦ 熙熙攘攘裡的一盞明燈：賈瑪清真寺（Jama Masjid）

🚇 地鐵站：Jama Masjid

- ♦ 費用：免費
- ♦ 開放時間：上午7：00～中午12：00、下午1：30～晚上6：30
- ♦ 地址：Meena Bazar, Meena Bazaar, Jama Masjid, Chandni Chowk, New Delhi, Delhi 110006
- ♦ 持相機和智慧型手機進入需付鏡頭費300盧比；穿著短裙或短褲的遊客需要租借長袍。入寺需脫鞋，寺外有顧鞋人，看鞋費10盧比。

　　賈瑪清真寺位於舊德里的東北角，也就是位於舊德里最繁忙熱鬧的月光市集（Chandni Chowk）裡，而賈瑪（Jama）一詞，源自於穆斯林的主麻日聚禮。這裡往西走，就是鼎鼎大名的紅堡（Red Fort）。

　　賈瑪清真寺是印度最大的清真寺，也是世界十大清真寺之一。始建於1650年，由蒙兀兒帝國的第5任皇帝沙・賈汗（Shah Jahan）下令建造，沙・賈汗皇帝同時也是泰姬瑪哈陵（Taj Mahal）與紅堡的興建者。

　　這座充滿濃烈蒙兀兒帝國特色的清真寺建築長80公尺，寬27公尺，佔地遼闊，可容納超過2萬名的信眾。清真寺裡有3個圓頂，2座高41公尺的宣禮塔，還有東面、南面和北面3個大門。其中主體建築的花園中央，是座長方形水池，西面的禮拜大廳面向麥加方向，而大廳左右兩側高聳的宣禮塔，朝拜者可以登上塔頂，遠眺整個德里舊城區。

汙泥中蘊育的穆斯林天堂

　　雖然網路上可以看到許多背包客對舊德里褒貶不一，但它仍是背包客最愛參訪的地點之一，因此我也決定一探究竟。當天嘟嘟車司機將我放在紅堡前，讓我自行穿越清真寺前的市集，市集裡有許多小攤

賈瑪清真寺外

由市集外遠眺賈瑪清真寺

販叫賣著衣服、紗麗、帽子、髮飾、檸檬汁跟零食。太陽高照的日子裡，攤位上的兄弟姊妹一起嘻鬧玩耍，大人則是專心顧著自己的小攤，一家人在擁擠卻熱鬧的市集裡討生活，生活得簡單卻悠然自得。

穿越蜿蜒的市集與人潮，遠遠就能看見聳立的賈瑪清真寺。我造訪的國家不少，參觀過的宗教景點也不少，但我真的很喜歡清真寺寧靜莊嚴的樣貌，尤其每逢時間一到，就會傳出頌唱告知教徒禮拜時間到了，讓人心情十分安詳。踏上賈瑪清真寺的階梯時，彷彿踏上瓦拉納西河階（Varanasi Ghat；通往恆河河岸的河濱台階）的感覺，階梯上有教徒、有遊客、有乞討者、也有搭訕者，各種人的聚集形成賈瑪清真寺的特色。寺外有簡易的寄鞋處，但當地人都是手拎著鞋直接進入寺裡，所以我也有樣學樣，將鞋子直接放入背包內，走進這座充滿歷史味的清真寺。

文化的傳承可以從在地人保存

夕陽下的賈瑪清真寺

們以為理所當然的事情，在印度旅行時常會被推翻，因此建議大家在面對瞬息萬變的未知世界，最好時時保持處變不驚的平常心，來看待眼前的人事物。

在印度，在賈瑪清真寺，在舊德里，旅人需要的是一份出世修行的心，撥開層層迷霧，才能真正看見彼此那份最原始美好的初心。如果時間充裕，非常推薦清晨或傍晚時分，造訪這座連結著蒙兀兒帝國的歷史記憶與現今信仰依舊延續的穆斯林所在地，來觀賞整座廟宇處於不同光線下所散發出來的絕美色調。

古蹟的用心看出，舊德里仍保有蒙兀兒帝國時期的生活型態，宗教與生活密不可分。百年的清真寺裡充滿虔誠的信徒，這座古蹟依然是當地人生活的重心，可以親眼看見這樣的生活型態並且一起參與，真的是旅行裡很喜悅的一件事情。

藏在印度思維裡的美好

行走印度會發現這個國家很難用言語或文字清楚條列規則，每個旅人內心裡的酸甜苦辣都不一樣，所看見的景色也大相逕庭。很多我

NOTE

· 由於賈瑪清真寺位於舊德里熱鬧的市集裡，所以進入賈瑪清真寺的路途中，請特別小心背包。
· 清真寺外寄鞋的小販會要求遊客寄鞋，不需要特別理會，可以自備袋子將鞋子放入背包裡。
· 清真寺外乞討者較多，不需要特別擔心，可以選擇給年長的乞討者幾盧比，也可以繞道而行。
· 寺裡的禮拜禱告期間，禁止遊客進入，禱告結束後隨即開放參觀。

◆ 蒙兀兒帝國的結束與印度的獨立：紅堡（Red Fort）

🚇 地鐵站：Lal Qila / Jama Masjid

- ◆ 費用：外國遊客600盧比，信用卡購票550盧比。
- ◆ 開放時間：上午8：30～晚上06：00，週一休館。
- ◆ 地址：Netaji Subhash Marg, Lal Qila, Chandni Chowk, New Delhi, Delhi 110006

紅堡位於舊德里東北方，它是典型的蒙兀兒帝國風格的伊斯蘭建築，因為整個建築主體呈紅褐色而得名紅堡。堡壘有亞穆納河（Yamuna River）當護城河環繞，四面有厚重的石質城牆包圍著，牆面總長度約2,500公尺，城牆的高度臨亞穆納河那一側稍低，臨德里主城區這一側則是偏高，牆高從16公尺至33公尺不等。

細說紅堡的歷史

蒙兀兒帝國的第5任皇帝沙‧賈汗（Shah Jahan）於1639年開始著手興建紅堡，以作為皇室遷移的新宮殿，當時他決定將首都從阿格拉（Agra）移往德里。而紅色與白色是沙‧賈汗最愛的顏色，所以這座皇宮依舊採用紅砂岩與大理石的建材。

紅堡於1648年4月落成，它與其他蒙兀兒帝國碉堡的不同在於邊界牆壁是不對稱的，為的是可以容納皇城裡較舊的薩利加爾堡壘（Salimgarh Fort）。紅堡的設計與藝術，代表了蒙兀兒帝國的沙‧賈汗皇帝統治時期的建築巔峰。

紅堡在英國殖民時期（1803～1947年）時，曾被改造為軍工廠，英國人掠奪了皇宮內相當多的重要

週一休館的標誌

紅堡入口

警察維安

歷史文物與珠寶，且超過3分之2的內部結構也被英國人摧毀。直到西元1899年，英屬印度總督柯森勳爵（Lord Curzon）才下令修復花園裡的澆水系統與重建紅堡城牆。2007年，紅堡被聯合國教科文組織列為世界遺產。而今，每年的8月15日的印度獨立紀念日，印度總理都會在紅堡舉辦升旗儀式。紅堡曾經是舊時代的最高權力中心，權力退去後的現在則是德里最重要的景點之一，同時也是各國遊客最愛的旅遊目的地之一。

印度獨特色彩下的日常

到紅堡，如果是搭乘地鐵過來，需要穿越熙熙攘攘的人群與車水馬龍的道路，還要閃過許多喊著「哈囉！哈囉！」的車夫、司機跟小販，當然其中也會有藉故裝熟的印度人。所以，可想而知，走這條路有多麼地有趣。人聲鼎沸加上川流不息的車潮，總會讓我莫名升起一股壓力，然而看盡世事滄桑的紅

紅堡外的群眾

堡，卻偏偏是佇立在這樣繁華鬧熱的舊德里裡，這彷彿告訴我們，想要瞭解這座世界遺產，就得先體會舊城百姓的生活型態。

　　拋開熙攘的人群後，映入眼簾的紅堡是座讓人印象深刻的建築。它在經歷了英國殖民時期的毀壞後，儘管給人的感覺多了幾分滄桑，但它的遼闊又讓人為之驚嘆。紅砂岩的獨特色彩展現了蒙兀兒帝國的獨特風格，它是屬於印度特有的顏色，勤勤懇懇卻又熱情洋溢。

　　紅堡與其它世界遺產相較之下，數百年風霜歲月成就這座古堡的悲愴，重建過的城牆訴說著它所經歷的政治風暴，而紅砂岩裡的濃烈歷史痕跡帶人進入幾世紀前的繁華世界，它曾是政治權力的象徵，但曾幾何時已退去光環。城牆前的印度人開心地拉著我一起拍照留住當下的歡樂，眼前的現實與腦中的幻想重疊，我腦袋裡的小劇場似乎看見了滿臉風霜的紅堡不經意地微笑著。

◆ 舊德里真實的面貌：月光市集（Chandni Chowk）

🚇 地鐵站：Chandni Chowk

月光市集的歷史可以從西元1639年開始追溯，因為當時沙·賈汗皇帝在新首府的亞穆納河（Yamuna River）畔建造了紅堡，所以有了市集的需求。此市集由沙·賈汗皇帝的女兒朱哈娜拉·貝格（Jahanara Begum）設計與建造，長達1,300多公尺，超過1,500間商店。

根據歷史學家的研究，蒙兀兒帝國時期的月光市集，是一座國際貿易中心，許多商人遠從土耳其、荷蘭與中國來到這裡經商。此外，這裡也是西元1739年時波斯皇帝納迪爾·沙汗（Nadir Shah）展開突襲德里行動的起點。這場戰役中，德里不但被洗劫一空，居民也死傷3萬多人。

一直以來，月光市集都是德里最繁華的核心區域，就算1857年的秋天，英國人接管了印度的最高權力，這裡仍是德里最熱鬧的地方，英國人甚至還於西元1863年，在此設立了德里市政廳（Delhi Town Hall）。

古今交織的月光市集

月光市集位於紅堡前方，由於它曾是蒙兀兒帝國時期的皇城大道，可以想像這裡曾經充滿貴族與

路邊小吃

車子是生財工具，為了省錢自己修理

現煎薄餅

印度男女都熱愛珠寶飾品

王室成員，周遭圍繞著宏偉氣勢的清真寺和優雅遼闊的花園堡壘。過去的皇族氣息，與今日的人聲鼎沸、熙來攘往、車水馬龍的情景大相逕庭。

月光市集的特色是它的多樣性和真實性。這裡充斥著大盤商和零售商，涵蓋了乾果市場、香料市場、金銀首飾市場還有紙品市場，整個塞滿了月光市集與其延伸出去的眾多巷弄街道。此外，也可以在這裡發現北印美食餐廳，還有超過上千種的甜品。狹窄的街道巷弄裡銷售著各式書籍、傳統服裝、3C電子、鞋類與皮革製品。現今印度連鎖素食餐廳哈爾迪拉姆（Haldiram's）也是由此發跡。

迷路之間饒富趣味

在月光市集有眾多採買的人潮，雖然這裡的商品與美食價格比較低廉，但是品質優劣不一，在一般商店，商品售出後是不能退貨的，因此需要細細挑選、慢慢挖寶，此外，由於市集幅員遼闊，再加上有些巷道之間過於狹窄壅擠，導致人車爭道、寸步難行，偶爾抬頭一看，天空中滿佈電線，地上則堆積許多雜貨，所以很容易迷路。

這樣看似不適合外國人遊覽的區域，卻是讓我最為驚豔的地方。沒有摩登的高樓建築，沒有井然有序的街道劃分，但有著昔日生活型態的迷人樣貌與北印美食。在我第一次造訪時，已經觸發了我愛觀察愛探險的靈魂，我真的非常喜愛這

小巷弄裡

塊充滿舊時記憶、現代與傳統文化兼容並蓄的市井之地。

　　在門庭若市的商店前挑選精緻有趣的燭台，在路邊吃著傳統美味的小吃，喝著到處都有的印度拉茶，跟著人潮的腳步走在不知名的巷道裡，走累了，就往餐館裡移動，讓飢腸轆轆的腸胃與疲憊的雙腳得到休息與滿足，讓自己盡情體驗、盡情感受這座遼闊市集的迷人風采。五顏六色又充滿生命力的月光市集也絕對是我心目中數一數二

拍照的好所在。如果是第1次造訪月光市集的遊客，建議找輛人力車，讓車夫先帶你穿越大街小巷後，再進行細部尋寶。

　　除了為數眾多的零售商店之外，各種宗教寺廟之多，也是月光市集的特色。這條長約1.5公里的道路上，可以看到清真寺、印度廟、錫克廟與耆那廟，充分展現了印度宗教的多元色彩。除了賈瑪清真寺（Jama Masjid）外，位於最西邊的法泰普里清真寺（Fatehpuri

Masjid）也很特別，它是由沙·賈
汗的妻子們下令興建的，值得一
遊。

NOTE

· 月光市集的巷道狹隘，遊客務必小
  心自身背包與錢包。
· 可以僱輛人力車遊走這個充滿舊時
  代歷史風情的區域。
· 這裡的消費相對新德里便宜，餐廳
  多為傳統蒙兀兒美食。

熱情的小販送朵花

消暑解渴的檸檬水

◆ 印度聖雄火化之地：甘地陵（Raj Ghat）

🚇 地鐵站：Delhi Gate

◆ 費用：免費
◆ 開放時間：上午06：30～晚上06：00
◆ 地址：Behind Red Fort, Gandhi Smriti, Raj Ghat, New Delhi, Delhi 110006

莫罕達斯・卡拉姆昌德・甘地（Mohandas Karamchand Gandhi）出生於西元1869年10月2日，逝世於西元1948年1月30日。這位偉大的政治人物，是印度的國父，也是印度民族主義運動與印度國大黨的領袖，同時也被稱為「聖雄甘地」。他透過「非暴力」的公民不合作運動，讓印度擺脫了大英帝國的統治。聖雄甘地最重要的政治信念是「satyagraha」，意思是「精神的力量」。他的政治哲學思維影響了其他國家的民主運動人士，如馬丁・路德・金恩（Martin Luther King,

甘地陵門口

Jr.）與納爾遜・曼德拉（Nelson Rolihlahla Mandela）等人。

民主精神的力量象徵

　　甘地陵位於舊德里著名景點紅堡（Red Fort）東南方1.7公里處，靠近亞穆納河（Yamuna River）。這裡並非甘地真正的陵墓，它只是一個象徵性的墓陵。西元1948年1月30日，甘地被極右教徒暗殺。按照印度教習俗，死者必須在24小時之內火化，再把骨灰撒入恆河裡，所以甘地陵其實是甘地火化之地，後人在此建造陵墓，以紀念這位聖雄的隕落。

向甘地致敬

　　甘地陵佔地面積遼闊，整座墓陵周圍覆蓋著大面積的草坪，一望無際，是德里校外教學的必到之處。整個陵園中心是凹陷設計，類似凹字造型的中心有座長寬均為3公尺的黑色大理石棺，石棺上有個鑲著銅邊的玻璃罩，裡頭點著一盞常明燈，終年不熄。

　　對我來說，拜訪甘地陵是對甘地為印度獨立奉獻一生的致敬。這

天的參觀人潮多是學生，校外教學的年輕學子們依舊在陵區裡開心嬉鬧地玩耍著，學生們的喜悅讓原本該是肅穆莊嚴的陵園，變得輕鬆自在許多。參觀動線很簡單，在入口通過X光安檢後，跟著人群走，就能走進陵園中心的大理石石棺處。謁陵前需要脫鞋進入石棺區，可以將鞋子放入隨身攜帶的背包或是寄放在收費寄鞋區。謁陵後可以在偌大又綠草如茵的陵區裡走走，或是坐在草坪上享受這片綠意帶來的寧靜舒適。

> **NOTE**
> ・每週五的下午5：30有祈禱儀式。每年的10月2日（甘地誕辰紀念日）和1月30日（甘地逝世紀念日），印度總理會在這裡為甘地致敬與默哀。
> ・甘地陵的西南方有座甘地紀念館（National Gandhi Museum），館內展示大量信件、照片以及當時的文獻資料，時間允許之下可以順道參觀，開放時間為上午9：30～下午5：30，週一休館。
> ・2007年聯合國大會通過決議，以聖雄甘地的生日10月2日，訂立為「國際非暴力日」。

06

新興崛起好購物
德里南部（South Delhi）

- 德里區域型式市集：大凱拉什1-N街區（GK1-N Block Market）
- 德里的忠孝東路：南延伸2（South Extension Part 2）
- 看見印度各邦的傳統工藝：德里哈特市集（Dilli haat）
- 南德里的購物亮點：城市漫步購物中心（Select CITYWALK Mall）
- 伊斯蘭教在印度的勝利起點：古達明納塔（Qutub Minar 或 Qutb Minar）
- 大同思想的新興宗教：巴哈伊靈曦堂（Lotus Temple）

♦ 德里區域型式市集：大凱拉什1-N街區（GK1-N Block Market）

🚇 地鐵站：Moolchand / Kailash Colony

♦ 地址：N-142, Nandi Vithi Rd, N Block, Greater Kailash I, Greater Kailash, New Delhi, Delhi 110048

新興的區域購物中心

大凱拉什1-N街區經過多年的努力，開始有了自己的風格，類似台北的永康街有種文青的調性。整個區域進駐大量自創品牌的店家與咖啡廳，商品多樣，不僅吸引了喜歡創意類型的遊客，更有很多年輕人喜愛到此消磨時間。一般遊客不僅只購物，還會在舒適的咖啡廳和裝潢時尚的餐廳裡度過一整天悠閒的時光。

到此地的遊客，大多自行開車，或是搭乘計程車，畢竟手上提著太多戰利品時，是無法走太遠、或是擠上人潮滿滿的地鐵車廂的。從地鐵站走到大凱拉什1-N街區有段距離，利用嘟嘟車接駁，大約50～80盧比，也是一種省錢的方式。

大凱拉什1-N街區裡的店家相當多，包含服飾、家飾品、文具、包包、創意小物、銀飾、阿育吠陀保養品……等等。私心覺得這裡比康諾特廣場（Connaught Place）好逛，畢竟範圍縮小很多，逛起來比較輕鬆而且容易挖到寶。同時因為

大凱拉什1-N街區標誌

象徵福氣的大象擺飾

騎樓下

當地人悠閒的購物

個購物區顯得安靜舒適，逛起來自在愜意。

清幽的購物小區

在德里，有很多街區市集（Block Market），因為當地人習慣將英文字母放在街區前面作為辨識，因此許多地方都有相同的名稱，所以叫車時，千萬記得再三確認地點。畢竟許多司機的學歷或識字程度較低，也就容易發生迷路或是抵達錯誤地點的窘況。

這裡有2間印度相當知名的品牌，分別是「Fabindia」和「Anokhi」，更是深得我心。幾次的購物經驗讓我覺得位於大凱拉什1-N街區的商家商品比較齊全，加上觀光客不多，整

Kilol

我的印度朋友告訴我，南德里的環境是相對舒服的。一般來說，街區裡的商店大多會另外聘請保全人員，讓客人在舒適安心的空間裡購物，這是這些店家聘請保全最大的原因，同時保全也會看管客人的寄放物品以及協助叫車。

跟其他購物區域相比，我喜歡這裡的安靜、舒適與自在的環境，不論是1樓店面或是位於地下室的店家都有自己的特色，且商品從高檔到平價都有，所以儘管它屬於中小型購物區域，但也可以讓人消磨好些時光。這裡對我來說真的是好逛又好買，好多東西都想扛回台灣，就連商店的櫥窗都可以讓我流連忘返好久，真心推薦給喜歡悠閒自在逛街的朋友。

♦ 德里的忠孝東路：南延伸2（South Extension Part 2）

🚇 地鐵站：South Extension

♦ 地址：Block M, South Extension II, New Delhi, Delhi 110049

體驗印度上流社會

南延伸又稱「南擴」，是印度南德里的一個大型社區。該地區被認為是德里較富裕區域之一，也是德里某些極為富有的企業家的家族聚落。南延伸分為兩個部分：南延伸1和南延伸2。

南延伸第1部分和第2部分都是很棒的購物區。在這裡可以找到質感優異的披肩、流行衣物、珠寶首飾、傳統服飾，此外也有髮廊、餐廳與麥當勞等等，所以也很適合與朋友相約聚餐、閒晃溜達。

南延伸2標誌

南延伸2街區

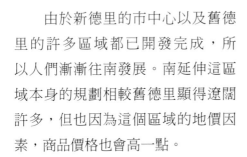
滿滿的車潮

服飾櫥窗

　　由於新德里的市中心以及舊德里的許多區域都已開發完成，所以人們漸漸往南發展。南延伸這區域本身的規劃相較舊德里顯得遼闊許多，但也因為這個區域的地價因素，商品價格也會高一點。

體驗印度式 Spa：阿育吠陀按摩

　　我自己覺得德里的幾個購物區都很類似，有人潮就有相同品牌的店家進駐，所以逛了幾輪下來，相信每個人的內心都會有自己比較習慣或喜歡的購物區。南延伸2的特別在於它的許多商家都是印度自有品牌，走進這個購物街道就能看見鱗次櫛比的建築物上充滿各式招牌，即使有很多商家位於2、3樓，但招牌還是很顯眼，一目瞭然的招牌讓我可以清楚規劃自己的購物順序，走累了就直接找咖啡廳坐下，來上一杯哥倫比亞咖啡中場休息，然後細細欣賞提袋裡的戰利品，內心盤算著下一輪的購物戰場。

　　除了購物之外，我造訪這裡也

南延伸2街區的醒目招牌

是為了享受阿育吠陀（Ayurveda）的舒壓按摩。「NuAyurveda Clinic」是我常光臨的阿育吠陀按摩治療診所，當我雙腳硬到像石頭、大腦用力過度、或是身體無法柔軟彎曲時，就會來這裡報到。喜歡這家阿育吠陀按摩的原因有幾點，首先是價格透明，再來是精油用料實在，加上師傅手藝讓人放鬆，以及環境的安全性。來到這裡，讓我得以在忙碌的日子裡度過療癒身心的時光。

◆ 看見印度各邦的傳統工藝：德里哈特市集（Dilli haat）

🚇 地鐵站：INA

◆ 費用：30盧比
◆ 開放時間：上午10：30～晚上10：00
◆ 地址：Metro Station, 21, Sri Aurobindo Marg, Dilli Haat, Kidwai Nagar West, Near INA, New Delhi, Delhi 110023

農村生活和民間藝術結合

德里哈特市集位於南德里，占地6畝。「haat」是指傳統農村市場的風格和感覺，所以它不僅僅是一個購物場所，還是個把農村生活和民間藝術結合在一起的市集，讓城市居民可以更接近鄉村的傳統文化，同時也給了工匠們一個展現自己的才華和技巧的機會。

充滿波斯風的入口設計

宗教銅飾

手做木器

銅器與圍巾

在這個約有200個攤位的市集裡，可以看到非常多種傳統或現代的工藝品，包含布料、珠寶銀飾、木工雕刻、家飾用品、傳統服飾、皮革包包、皮製拖鞋、手縫背包……等，這些工藝藝術品展現出來的藝術成就，其養分都是來自於與眾不同又不可思議的印度文化。

遊客同時可以在這裡享受印度不同地區的美食。廣場裡有許多美食攤位，包括了印式水餃（Momo）、烤肉串（Kahwa & Kebabs）、竹筒飯套餐

在德里哈特市集裡的攤販，必須是「手工藝發展部門」（DC Handicrafts）註冊的工匠。這些來自印度29個邦的工匠，可以將自己所製作的作品放在市集裡出售，每15天輪換一次。

床單與棉被

皮製手工鞋

（Bamboos）、烤餅（Pooran Poli）
和鹹蛋糕（Dhokla）等。

準備好現金與防曬措施

　　發現德里哈特市集完全是個意
外。一位印度朋友與我相約，然而
在我日正當中抵達後，她卻有事無
法前來，所以索性自己買票進去逛
逛，瞧瞧裡面究竟是什麼模樣。

　　這座露天工藝市集暨美食廣
場，是由德里旅遊交通發展公司
（DTTDC）所經營的。進去逛了一
輪，加上讀了簡介後，才知道是印
度政府把一群來自各地的工匠齊聚
在這個露天市集裡。市集除了可以
漫步閒逛、品味悠閒之外，同時也
能享受各邦相異的文物商品。

　　德里哈特市集說大不大、說小
也不小，對我來說則是個恰到好處
的購物範圍。商品販售涵蓋廣泛，
展售相當多手工製品，像是披肩、
棉被、皮革、珠寶跟銅器……等
等，對於第一次造訪德里的朋友來
說，在這裡可以看到許多印度各個
地方的工藝，所以是個很好入門了
解各邦差異的起點。不過這裡只能
使用現金，無法刷卡。另外，由於
露天的因素，遮蔽物較少，夏天造
訪時記得戴上帽子跟太陽眼鏡，不
然很容易被豔陽吻傷的。

◆ 南德里的購物亮點：城市漫步購物中心（Select CITYWALK Mall）

🚇 地鐵站： Malviya Nagar

> ◆ 開放時間：上午10：00～晚上11：00
> ◆ 地址：A-3, Saket District Centre, District Centre, Sector 6, Pushp Vihar, New Delhi, Delhi 110017
> ◆ 網站：http://www.selectcitywalk.com/

一應俱全的複合式購物中心

城市漫步購物中心佔地120,000平方公尺，可以分為3大區，分別是購物區、飯店、中庭露天廣場。購物中心裡面超過180家商店，有多家印度和國際知名服飾品牌，例如H&M、good earth、Pantaloons、Crossword Bookstore、Zara、Home Stop等。商場裡還有美食廣場，也有販售咖啡豆和茶葉，並有美式的芝加哥比薩和肯德基，以及一座PVR電影院（PVR Cinemas是印度的一家電影娛樂公司，類似台灣的華納威秀影院）。

購物中心外是戶外露天廣場，其中的露天圓形劇場，用以藝術展覽、音樂表演，而其周圍有大量的綠色植物跟寬廣的休閒場地，所以也可以作為親子同樂的園地。相信每個來到這裡的人，在參觀這座購物中心，體會其宏偉的外觀與一應俱全的飲食娛樂之後，必定可以充分獲得滿足。

Select CITYWALK Mall 外觀

購買印度風好物的天堂

此外值得一提的是，這座購物中心真的會讓人忘記自己身處在印度。這裡豪華又時尚，寬廣的佔地會讓人走到鐵腿。購物中心裡有適合外國人口味的餐廳，雖然價格不菲，但舌尖上品嚐到這些熟悉的味道就足以令人感動落淚。同時樓上也有泰式腳底按摩，原本想嘗試看看，但沒有事先預約，只能扼腕放棄。

而購物方面，不論是H＆M、Zara、還是GAP，佔地都非常大，其中H＆M的服飾，其類型跟歐洲有很大的差異，設計風格比較傾向印度風，衣長適合豐腴的美女們，折扣期間超級划算，沒有大買特買實在對不起自己。

除了這些台灣人很熟悉的品牌外，個人十分推薦下手印度風的家飾品，尤其純棉的床單跟薄被都是上上之選。除了整體的印花圖騰非常有印度風格外，上面的圖騰都是師傅們使用木頭印章，用類似版畫一樣的手工，一道又一道蓋印上去製作而成的，所以根本是藝術品等級。

印度茶也在我的購物清單裡，畢竟印度是產茶大國，清早來上一杯印度香料茶，幾乎是所有印度人的日常，也是我在印度放鬆身心的味覺享受，所以極力推薦。還有印度古早的阿育吠陀療法的商品也不能錯過，如同我們熟悉的草本漢方一樣，印度這個古文明國家也有自己的阿育吠陀自然療法，目前這種古早療法，已經在西方世界裡漸漸

Calvin Klein

讓人感受幸福的蛋糕

發揚光大並受到推崇，所以怎能錯過呢？

女人提到購物話題，就真的無法闔上話匣子了。雖然這裡人潮眾多，進入商場也需要過安檢，但可以與一群人同享購物樂趣，正是逛街的頂級享受啊。

♦ 伊斯蘭教在印度的勝利起點：古達明納塔（Qutub Minar 或 Qutb Minar）

🚊 地鐵站： Qutub Minar

- ♦ 費用：外國人600盧比（門票是圓形塑膠幣，須於出口處投入機器）
- ♦ 開放時間：上午10：00～晚上05：30
- ♦ 地址 ：Aurobindo Marg，Mehrauli，New Delhi，Delhi 110030

千年的勝利之塔

古達明納塔是座勝利之塔，意指印度穆斯林統治印度的開始。擁有全印度最高石塔的古達明納塔建築群，最早建於西元1192年，由德里蘇丹王朝（Delhi Sultanate）的庫特布沙希王朝（Mamluk Dynasty）的開國皇帝庫特布丁·艾伊拜克（Qutb al-Din Aibak）興建，它不但是印度德里蘇丹王朝的伊斯蘭建築，同時也是早期阿富汗建築的典

古達明納塔

範。

整座遺址除了古達明納塔之外，還包含了幾座古墓、奎瓦哈吐勒清真寺（Quwwatul Islam Masjid）、鐵柱（Iron Pillar）及阿萊高塔（Alai Minar）。雖然這些建築都已被地震損壞，但由建築體殘留的部分，仍然可以想像當年的輝煌壯麗。

古達明納塔是一座高達73公尺的宣禮塔，目前不開放進入塔內參觀。整座塔的5個樓層造型都不盡相同，每一層都有一圍突出的外牆。前3層由紅砂岩石材建成，第4和第5層則是由大理石和紅砂岩2種建材打造，而來自可蘭經的銘文刻在古達明納塔的牆上。在古達明納塔的下方是奎瓦哈吐勒清真寺，這座清真寺的獨特在於它是印度的第1座清真寺。

空氣瀰漫著歷史感

這座偉大的古塔在好幾個世紀的歲月中開始傾斜，慶幸有歷代統治者的努力維護，讓它可以完好地被保存下來。西元1993年，古達明納塔被聯合國教科文組織列為世界遺產，雖然高塔附近大多數的建築群被流逝的歲月模糊了面貌，但是它宏偉精緻的建築工藝依舊流傳到現在。周遭茂密的綠色花園環繞著古達明納塔，置身其中彷彿處在一個可以遺忘世俗的桃花源。看著充滿歲月痕跡的石塊散落滿地，以及細緻雕工的石柱，有如身處悠長的

散落的石塊與石柱

飛機劃過天際　　　　　　　　　　　古蹟內的扶桑花

印度歷史裡，每年超過500萬的造訪遊客，應該都如此讚嘆著。

　　這座高聳壯麗的尖塔是伊斯蘭教建築裡的偉大傑作之一。尖塔的直徑從底部的14.3公尺逐步縮小至頂層的2.7公尺。相信如果可以站在頂端鳥瞰德里的景色一定讓人很驚艷，但因1981年一場停電導致悲劇的發生，造成數十人的喪生，自此之後，印度政府禁止任何人進入塔內參觀。

　　遊覽古達明納塔的最佳時間是下午，午後的光影可以讓風景更顯精彩。同時，漫步在這座廣闊的古建築群裡，也能觀賞到許多小鳥俐落地跳躍在林間，而尖塔上時不時有老鷹飛過，其翱翔之姿宛如是這裡的守護者一般，還有許多的松鼠與鴿子會在古蹟四處尋找食物，除了天空偶爾傳來飛機劃過的巨大聲響外，周圍一起參觀的印度人總是或坐或臥在草地上享受那午後寧靜的片刻，而我則是專心地將飄散在空氣裡的歷史感拍進相機的記憶卡裡。

♦ 大同思想的新興宗教：巴哈伊靈曦堂（Lotus Temple）

🚇 地鐵站：Kalkaji Mandir

♦ 門票：免費
♦ 開放時間：下午9：30～晚上5：30，週一休館。
♦ 地址：Lotus Temple Rd, Bahapur, Shambhu Dayal Bagh, Kalkaji, New Delhi, Delhi 110019
♦ 網址：http://www.bahaihouseofworship.in

巴哈伊信仰的聖地

　　德里的巴哈伊靈曦堂，也稱蓮花寺，是一座「巴哈伊信仰」（Baha'i Faith）的寺廟，也是德里南部主要景點之一。它於西元1986年建造完成，是印度次大陸的總堂，自西元1986年12月開放以來，已經吸引了超過5,000萬名的遊客，

排隊過安檢

脫鞋放入提袋裡

歸還袋子

成為世界上被造訪次數最多的建築物之一。

巴哈伊靈曦堂佔地105,000平方公尺，建築物本體超過40公尺，內部可以容納2,500人。其外觀是由27瓣各自獨立的純白大理石花瓣組成，而建築物本體被9個池塘環繞著。

「巴哈伊教」簡稱「巴哈伊」，舊譯「大同教」，其基本教義可概括為「上帝唯一」、「宗教同源」和「人類一體」。西元1863年，巴哈伊信仰由巴哈歐拉（Bahá'u'lláh）創立於伊朗，並在中東地區開始傳播。信眾除了提升和完善自身的同時，也竭盡所能地協助他人及社會的福祉。

感受平靜之心與自我對話

那一年，在德里的日子特別忙，總感覺事情做不完。造訪景點可以放鬆工作壓力帶給我的僵硬身軀，而看著人群在景點裡的輕鬆模樣也總能讓我心情舒暢，但熱門景點人山人海，更別說巴哈伊靈曦堂這種有大量外國遊客一起加入的排隊人潮。

不管如何，還是得專心排隊，因為一不專心，就會發現幾個人不

雲彩下的蓮花寺

小心地排到自己前面，所以人與人
之間的縫隙都密合得水洩不通。每
個人都很專心跟著隊伍前進，但有
些人不時還是會拿出手機自拍，整
個畫面又忙又有趣。

　　當我第一眼看到巴哈伊靈曦堂
時就驚呆了，又是一座超級宏偉的
建築，跟我腦袋裡的寺廟印象完全
不同。整座建築除了宏偉、美麗之
外，還有一個特色就是造型異常對
稱，這對有強迫症的人來說還真是
療癒。當下，看到人群不約而同拿

可以靜坐一整天的安靜空間

出手機或相機，喀喳喀喳聲此起彼落，但無論怎麼拍，都無法將眼前這座建築物的壯麗與精彩，對等地映入相機裡。

從外圍進入建築物本體時，一路上除了有志工協助隊伍排列外，他們還負責發放袋子給遊客放置自己的鞋子手提入寺。不過志工只說印度話，所以外國遊客只能機靈模仿其他印度人的動作。

進入巴哈伊靈曦堂的瞬間，每個人都安靜了，萬籟俱寂的空間裡適合冥想。不論席地而坐或是坐上長椅的遊客們開始低頭默禱，嘴裡念著他們自己熟知的經文，不分宗教、不分種族、也不分男女，在這個明亮又安靜、乾淨又舒服的空間裡，跟自己對話。這裡，平靜地讓人捨不得離開。

夕陽西下的美景

07

自我發掘與舒活身心
的印度體驗

◆ 發掘自我的瑜珈冥想課程：馬瑞茲德薩國際瑜珈（Morarji Desai National Institution of Yoga）

◆ 舒活身心的阿育吠陀按摩之旅：奴阿育吠陀診療所（NuAyurveda Clinic）

每個人旅行印度的目的都不太相同，但吃喝玩樂是旅行裡調劑身心的重要事項。如果能將旅行中的美好經驗帶回自己的生活，成為旅行的延續，是多麼幸福的事情。在這邊，與大家分享來到印度一定要體驗看看的身心靈療癒的課程：瑜珈與阿育吠陀。

現在在全世界深受歡迎的瑜珈（yoga），源於古印度文化，是探尋「梵我一如」的道理與方法，它透過提升意識，幫助人們發揮潛能。古印度人相信人類可以與天合

一，他們以這樣的修行方法融入日常生活。

而阿育吠陀（Ayurveda）是印度教的傳統醫學，Ayur指生命，Veda為知識、科學之意，因此阿育吠陀一詞的意思為生命的科學。在阿育吠陀的觀念裡認為當身體與自然不調和時，人體的機能會受到阻礙，導致病痛，所以阿育吠陀有三種主要療法：藥草療法、推拿療法及瑜珈療法。

瑜珈課

印度瑜珈探索「梵我一如」

♦ 發掘自我的瑜珈冥想課程：馬瑞茲德薩國際瑜珈（Morarji Desai National Institution of Yoga）

🚇 地鐵站：Shivaji Stadium Station

- ♦ 費用：100～500盧比，依課程而異。
- ♦ 開放時間：早上7：00～晚上8：00
- ♦ 網址：http://www.yogamdniy.nic.in
- ♦ 地址：68, Ashoka Road, Near Gole Dak Khana, New Delhi, Delhi 110001

　　「馬瑞茲德薩國際瑜珈」是一個由政府部門資助的自治機構。這家瑜珈中心鄰近班戈拉・撒西比謁師所（Gurudwara Bangla Sahib），得知這間瑜伽中心是個意外，當時在附近的郵局寄完包裹後隨意走走，時間接近傍晚6點，經過一處像是政府機關的建築，看到幾名穿著紫色上衣的年輕印度人，正從裡面走出來引起我的注意，隨即入內參觀。原來這裡是一所瑜珈中心，當下心頭一悅，直接進入辦公室詢問課程相關費用以及時間。

　　辦公室的人員很驚訝看到外國臉孔的詢問對象，但仍熱情地拿出簡介向我解釋，由於主要學生多是印度人，所以上課時也是用印度語教學，男女分班，1堂課100盧比的費用讓人心動，而且離市中心相當近，如果不介意只有印度語教學的話，相信也是個很棒的體驗。當時詢問的課程時間與費用，可能會隨著學期不同而有變化，所以有興趣的朋友可以直接登門諮詢，體驗一場真正在地人的瑜珈課程。

馬瑞茲德薩國際瑜珈

◆ 舒活身心的阿育吠陀按摩之旅：奴阿育吠陀診療所（NuAyurveda Clinic）

地鐵站：Malviya Nagar

- 費用：1,500～5,000盧比，依療程而異。
- 開放時間：上午7：00～晚上9：00，週二公休。
- 網址：https://www.nuayurveda.com
- 預約電話：+91-11-4004-2937
- 地址：B-18, 1st Floor, Next to ICICI Bank, Shivalik Road, Malviya Nagar, Block B, Shivalik Colony, Malviya Nagar, New Delhi, Delhi 110017

認識「奴阿育吠陀診療所」也是有故事的，在印度很多按摩的地方都只有男師傅，但印度社會保守，加上男女有別，所以我一直想打探一間適合外國人的阿育吠陀自然療法的按摩中心，因此詢問了我常上門購買阿育吠陀產品的經理，同行不同業又是在地人的介紹，一定要試試。

「奴阿育吠陀診療所」裡有多種按摩項目。不同的按摩精油可以紓解客人不同的需求，按摩的過程身上一定有滿滿按摩油的覆蓋，加上女師傅溫柔熟練的力道，讓我對這間診所真的很滿意。房間內不僅有衛浴設備，也有拖鞋和浴巾，一切周到。由於按摩需要全身赤裸，診所提供的紙內褲是身上唯一的遮蔽物，因此隱密與安全性相當重要，而這就是我信賴這間診療所最大的原因。

奴阿育吠陀診療所

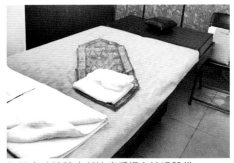

奴阿育吠陀診療所按摩房裡有沖澡設備

08

一夜好眠與一頓美食
德里住宿與餐廳介紹

（一）德里推薦住宿
♦ 帕哈甘吉（Paharganj）
♦ 康諾特廣場（Connaught Place）
♦ 南德里（South Delhi）
（二）德里推薦餐廳

（一）德里推薦住宿

　　德里住宿選擇相當多，住房價格由新台幣100多元到萬元以上都有，有些訂房網站上提供之照片與實際房間有出入，建議事先預訂1～2晚，入住後再決定是否續住。至於區域上的選擇，可參考以下整理，視每個旅人的需求而定。

◆ 帕哈甘吉（Paharganj）

　　新德里火車站（New Delhi Railway Station）附近，距離市中心相當近，是背包客喜歡聚集的區域。

1. 劍塔飯店（Ajanta Hotel）

- 地址：36, Arakashan Road, Opp. Church, Ram Nagar, Arya Nagar, Paharganj, New Delhi, Delhi 110055
- 電話：+91-11-3313-8029
- 網址：www.hotelajanta.com
- 價位：NT1,500（價格會隨季節變動）

　　位於新德里火車站附近，設有餐廳，提供24小時客房服務，也提供機場接機服務和新德里火車站接客服務。餐廳與櫃檯的服務相當完善，會立即解決客戶需求，內裝典雅，是棟有著歐洲風格的百年建築。

2. 新德里市中心飯店（Hotel Delhi City Centre）

- 地址：8633-45, Behind Ajanta Hotel, Arakashan Road, Ram Nagar, Arya Nagar, Paharganj, New Delhi, Delhi 110055
- 電話：+91-99-9000-1122
- 網址：india-delhi-hotels.blogspot.com
- 價位：NT800（價格會隨季節變動）

　　新德里市中心飯店和劍塔飯店的經營者原本是同一人，但在2018年已出租由其他經營者管理，位置就座落在劍塔飯店正後面。房間內部空間大，設有小型保險櫃，雖然設備比較老舊，但乾淨舒適，需要整理房務時請將鑰匙交給櫃台即可。

Hotel Ajanta

3. 左思特德里旅舍（Zostel Delhi）

- 地址：5, Arakashan Road, Opposite New Delhi Railway Station, New Delhi, Delhi 110005
- 電話：+91-11-3958-9005
- 網址：www.zostel.com
- 價位：NT300～1,200（價格會隨季節變動）

　　距離新德里火車站僅500公尺，提供Wi-Fi。旅舍有床位型和房間型，大廳常有外國背包客聚集聊天，櫃檯人員也很親切，是一間在地連鎖旅舍。房間設備簡單，沒有過多的裝潢，浴室比較簡陋但整體舒適，適合背包客簡單的需求。

4. 新德里火車站布魯姆飯店（bloomrooms@New Delhi Railway Station）

- 地址：8591, Arakashan Road, Opp. Railway Station, Paharganj, New Delhi, Delhi 110055
- 電話：+91-11-4017-4017
- 網址：staybloom.com/hotellanding/delhi-bloomrooms-new-delhi-railway-station
- 價位：NT1,400（價格會隨季節變動）

　　酒店外觀相當新穎別緻，明亮又充滿活力。雖然房間較小，但清新乾淨，內部裝潢有著吸引人的簡約現代風格，客房多以黃色為基調，早餐可口，距離新德里火車站約500公尺。

Zostel Delhi

華麗的房型

♦ 康諾特廣場（Connaught Place）

德里的核心，國際連鎖餐廳與商店多，購物方便。

1. 康諾特廣場麗笙飯店
（Radisson Blu Marina Hotel Connaught Place）

- ♦ 地址：G-59, Connaught Circus, Block G, Connaught Place, New Delhi, Delhi 110001
- ♦ 電話：+91-11-4690-9090
- ♦ 網址：www.radissonblu.com/en/marinahotel-newdelhi
- ♦ 價位：NT4,000（價格會隨季節變動）

座落於新德里的市中心，距離新德里火車站約10分鐘車程，距離英吉拉·甘地國際機場（Indira Gandhi International Airport）約30分鐘車程。提供全套服務的Spa、健身中心，而且還有4間餐廳。

2. 新德里里拉宮殿飯店（The Leela Palace New Delhi）

- 地址：Africa Avenue, Chanakyapuri, Diplomatic Enclave, New Delhi, Delhi 110023
- 電話：+91-11-3933-1234
- 網址：www.theleela.com
- 價位：NT5,500（價格會隨季節變動）

　　位於新德里的使館區（Diplomatic Enclave），融合了魯琴斯（Lutyen）的建築風格以及印度皇家文化的氛圍。設有奢華的SPA，並有4間餐廳和免費停車場。距離印度門（India Gate）約10分鐘的車程，距離英迪拉・甘地國際機場約15公里。

3. 新德里大都市溫泉飯店（The Metropolitan Hotel and Spa New Delhi）

- 地址：Bangla Sahib Rd, Sector 4, Gole Market, New Delhi, Delhi 110001
- 電話：+91-11-4250-0200
- 網址：www.hotelmetdelhi.com
- 價位：NT3,000（價格會隨季節變動）

　　距離康諾特廣場約5分鐘車程，距離新德里火車站約1公里，距離英迪拉・甘地國際機場約12公里。設有室外游泳池，也有健身中心和Spa。工作人員態度敬業，臉上總會帶著笑容而且樂於助人，餐廳提供的菜色種類豐富也相當美味，是一間5星級的飯店。

有些飯店有附早餐或需自費

◆ 南德里（South Delhi）

....

離市中心較遠，屬於城市規劃較後期的區域。

1. OYO 11340 飯店（OYO 11340 Hotel Lakshmi Palace）

- 地址：A 150-151, Road no. 4 , Street No.9, Block B, Mahipalpur Extension, Mahipalpur, New Delhi, Delhi 110037
- 電話：+91-70-6506-7403
- 網址：www.oyorooms.com
- 價位：NT1,200（價格會隨季節變動）

　　酒店靠近英迪拉‧甘地國際機場，屬於經濟型的機場飯店，對於趕飛機或是凌晨到達德里的旅客相當適合，房間寬敞，乾淨舒適，工作人員友善熱情。

2. 林克路花開飯店（bloomrooms Link Rd）

- 地址：Near Metro Station, 7, Link Road, Block P, Jangpura Extension, Jangpura, Block M, Jungpura Extension, Jangpura, New Delhi, Delhi 110014
- 電話：+91-11-4126-1400
- 網址：www.staybloom.com/hotellanding/delhi-bloomrooms-link-road
- 價位：NT2,000（價格會隨季節變動）

　　這間飯店是前面介紹的新德里火車站布魯姆飯店（bloomrooms@ New Delhi Railway Station）的連鎖系列。有著乾淨漂亮的現代風外觀，很受西方遊客的喜愛，工作人員友善禮貌，房間較小但乾淨舒適。設有餐廳，提供西式餐飲，並且提供住房旅客免費熱茶與咖啡。

bloomrooms hotel

3. 居嘉德旅館（Jugaad Hostels）

- 地址：F-128, 4th Floor, Jhandu Mansion, Mohammadpur, Sector 1, RK Puram, New Delhi, Delhi 110066
- 電話：+91-85-1000-1800
- 網址：www.jugaadhostels.com
- 價位：NT330～1,500（價格會隨季節變動）

距離擁有古蹟與充滿綠意以及湖泊的奧茲凱斯公園（Hauz Khas District Park）和除了梅花鹿之外還有孔雀的鹿園（Deer Park）約1.1公里，靠近英迪拉·甘地國際機場。設有屋頂露台，旅館除了床位型房間之外也有一般型可以選擇。

4. 床和茶旅館（Bed & Chaï Guest House）

- 地址：R-55, Top Floor, GK-1, Hansraj Gupta Rd, Block R, Greater Kailash I, New Delhi, Delhi 110048
- 電話：+91-11-4606-6054
- 網址：www.bedandchai.com
- 價位：NT350～1,500（價格會隨季節變動）

距離著名的巴哈伊靈曦堂（Lotus Temple）約4公里，距離胡馬雍墓陵（Humayun's Tomb）約7.1公里。旅館以白色為基調，乾淨舒適，設有床位型與一般型房間，工作人員友善熱情，提供早餐，靠近英迪拉·甘地國際機場。

（二）德里推薦餐廳

德里的飲食文化非常多元，從傳統印度食物，到西式、中式、日式以及各式街頭小吃一應俱全，舌尖上的味蕾等你來滿足。

1. 卡里姆餐廳（Karim's Hotels Pvt. Ltd.）

- 地址：Jama Masjid, Gali Kababian, Old Delhi, Kalan Mehal, Chandni Chowk, New Delhi, Dehi 110006
- 電話：+91-11-2326-4981
- 網址：karimhoteldelhi.com

來到印度德里千萬不能錯過的一家餐廳。餐廳裡的美食除了當地

Haldiram's 連鎖餐廳

鹹蛋糕（Dhokla）

人外，也深受許多來自國外的背包客還有觀光客推崇。自西元1913年開業至今，可說是印度最古老的餐廳之一。據傳，主廚的前輩是蒙兀兒王朝的御廚，而這間餐廳更曾被美國「時代周刊」（TIME）評為亞洲最棒的10大餐廳之一！推薦燉羊肉（Khichra）、羊肉串（Tikka）、印度烤餅（Naan）等經典菜色。

2. 哈爾迪拉姆素食餐廳（Haldiram's）

- ◆ 地址：6-7, L-Block, Outer Circle, Connaught Place, Block L, Connaught Place, New Delhi, Delhi 110001
- ◆ 電話：+91-11-4768-5300
- ◆ 網址：haldiram.com

　　這是間德里著名的傳統素食餐廳，已有60多年歷史，有多家分店。進入店裡，就能看到各種精美的點心和食物擺放在乾淨整潔的玻璃櫃裡。裝潢採西式風格，先在櫃檯點餐付帳後，再自行拿取食物。推薦炸餅鷹嘴豆（Chole Bhatoore）、炸脆餅（Pani Puri）和優格酥脆麵餅（Raj Kachori）。

3. 薩加爾拉特納餐廳（Sagar Ratna Restaurant）

- ◆ 地址：K-15, Connaught Circle, Connaught Place, Block K, New Delhi, Delhi 110001
- ◆ 電話：+91-11-2341-2470
- ◆ 網址：sagarratna.in

　　餐廳以南印菜色為主，靠近Rajiv Chowk地鐵站。店內的招牌食物有瑪莎拉香料捲餅（Masala Dosa）、扁豆蔬菜湯（Rasam）和印式鬆餅（Uttapam）。甜點部分，推薦酸奶油炸麵粉球（Dahi Vadas）和印式酸奶糕點（Dahi Idli）。用餐

尖峰時段需要排隊。

4. 今日咖啡（Café Coffee Day）

- 地址：Rajiv Chowk DMRC, Palika Bazar, Connaught Place, New Delhi, Delhi 110001
- 電話：+91-93-1287-4924
- 網址：www.cafecoffeeday.com

　　簡而言之就是印度的星巴克咖啡廳，店家遍及整個印度。除了咖啡外，也有供應蛋糕、麵包和冰淇淋，非常適合忙碌旅程中的輕鬆放空。這家咖啡連鎖店在康諾特廣場（Connaught Place）有超過10間的分店，其中比較特別的一間位於Raijv Chowk地鐵站內，特別適合購物前或是準備搭地鐵回飯店前小歇一番，大蒜麵包和拉花很美的卡布奇諾咖啡都很推薦。

5. 奧立佛酒吧與廚房（Olive Bar & Kitchen）

- 地址：One Style Mile, 6-8, Kalka Das Marg, Seth Sarai, Mehrauli, New Delhi, Delhi 110030
- 電話：+91-98-1023-5472
- 網址：olivebarandkitchen.com

　　餐廳裝潢典雅舒適，散發著低調奢華的藝術格調，除了室內座位之外還提供露天花園用餐區，在微涼的傍晚享受美味的地中海料理，同時讓味蕾與心情得到最大的滿足。此處靠近古達明納塔（Qutub Minar），很適合參觀後到此用餐，推薦義大利麵與披薩。

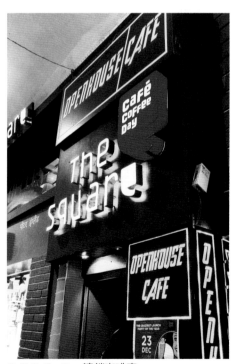

Café Coffee Day 連鎖咖啡廳

6. 使館酒吧餐廳（The Embassy Restaurant & Bar）

- ◆ 地址：1D, Connaught Place, Connaught Place Between Inner and Outer Circle, D Block, Connaught Place, New Delhi, Delhi 110001
- ◆ 電話：+91-11-2341-6434
- ◆ 網址：www.embassyrestaurant.in/

位於康諾特廣場，以傳統印度料理為主同時也有素食餐飲的選擇，店內有吧檯區，可以小酌，內部空間不大，但挑高設計讓整體感覺舒適。推薦唐杜里烤雞（Tandoori Chicken）與奶油烤餅（Butter Naan），也可以單點一壺瑪莎拉茶（Masala Chai）消磨一下午。

7. 少林村（China Garden）

- ◆ 地址：G–4/5/6, G Block, Radial Road, Next To Marina Radisson Hotel, Connaught Place, Block G, New Delhi, Delhi 110001
- ◆ 電話：+91-11-2341-3458
- ◆ 網址：chinagardenindia.com

餐廳的命名已經道出餐廳的主食風格，內部裝潢古典中式，微黃的燈光有著浪漫情調，用餐體驗舒適。餐廳提供中文菜單與照片，菜色除了常見的羊肉跟雞肉外，也有少見的豬肉選項。廚師手藝不錯，

餐點的蔬菜份量多，揚州炒飯與炸春捲是想念家鄉時的解饞好選擇。

China Garden 餐廳

NOTE

- ·飯店住宿價格常會因為季節與房型而調整，決定入住前請先勘查房間規格與各項硬體設備，是否適合自己後再決定入住。如果住房時間超過3～5晚，也可以試著與飯店談折扣。
- ·房務打掃或是需要毛巾跟衛生紙時，都請主動告訴櫃檯人員。
- ·有些餐廳的消費稅包含酒稅，用餐前可以先詢問稅率，並告知不消費酒類商品，請餐廳扣除酒類的消費稅。

09

來場華麗的購物巡禮
印度知名品牌介紹

- ◆ 堅持使用手工蓋印的棉製品：Anokhi
- ◆ 應有盡有的家飾品牌：Fabindia
- ◆ 平實溫穩的風格走向：Soma
- ◆ 見證奢華藝術的感動：good earth
- ◆ 沐浴在香氛森林裡：Forest Essentials
- ◆ 平價好用的日常保養品：Biotique
- ◆ 來自植物萃取與自然的阿育吠陀商品： KAMA Ayurveda
- ◆ 小巧精緻讓人耳目一新的風格：the shop
- ◆ 光鮮亮麗與古典優雅並存：Cottons
- ◆ 浪漫童話的巧克力專賣店：Choko la

♦ 堅持使用手工蓋印的棉製品：Anokhi

♦ 網址：www.anokhi.com

「Anokhi」的設計主要以家飾品為主，棉被、床單、衣服、披肩以及首飾應有盡有，而在它的發源地齋浦爾（Jaipur），甚至有自己品牌經營的博物館以及咖啡廳。

「Anokhi」是我個人非常喜歡的印度品牌，它最讓人津津樂道的就是堅持使用手工蓋印的方式來展示印度傳統與現代圖騰的美。所謂蓋印圖騰就是類似版畫，每種顏色都是一道工序，設計師把自己設計出來的創意交給木匠，再由木匠們把圖騰雕刻出來，之後再用雕刻後的木頭章一塊一塊蓋印在長長的棉布上，而蓋印的染料全部萃取自植物，所以不論是親膚性與透氣性都相當棒。

它在德里目前有5家分店，是許多西方女性遊客都會特地前來購物的主要品牌之一，價位偏中上，商品也以女性為主軸，除了花色及設計會依季節推陳出新之外，使用的材質也是非常高檔，輕薄透氣的棉料最讓我愛不釋手。由於北印度的夏天非常高溫乾燥，雨季來臨時則很潮濕，所以這種透氣材質的衣服也很適合悶熱的台灣氣候，加上7分

「Anokhi」筆記本

「Anokhi」服飾

袖的長度可防曬遮陽，真是一項貼心的設計。至於飾品則是以純銀與黃銅為主，從它的飾品設計，可以看到設計者找到了一個處於印度傳統與創新之間的平衡點。

♦ 應有盡有的家飾品牌：Fabindia

♦ 網址：www.fabindia.com

「Fabindia」是印度家飾品牌裡知名度最高的，在我造訪過的許多印度城鎮裡都有「Fabindia」的分店。這個品牌除了在地人之外，也非常受到外國遊客的喜愛，價格上比「Anokhi」親民，同樣以手工蓋印圖騰聞名，但設計風格迥異。

「Fabindia」的商品範圍廣泛，不論男女老少都可以在這裡找到自己的需求，上至傢俱下至男女衣飾、披肩、棉被、床單、燈具、餐具、線香、保養品、茶葉、咖啡、鞋子、果乾、香水……，幾乎應有盡有，一家店就能買齊所有商品，讓許多遊客相當省力。店內甚至還設有洗手間，有些分店連飲水機都有呢，十分貼心。

由於每件商品幾乎都是手工製作，因此數量有限，我的經驗分享就是看到喜愛的商品請直接拿去結帳吧，不用猶豫了。

「Fabindia」

「Fabindia」家飾

♦ 平實溫穩的風格走向：Soma

♦ 網址：www.somashop.com

「Soma」也是我在印度常逛的品牌之一。這品牌很能吸引中規中矩的朋友，風格較為傳統。店內舉凡棉被、床單、枕頭套、桌布一應俱全，餐具也很有自己的特色。此外圍巾、披肩、提袋與布包等等尺寸齊全、樣式多元，連嬰兒用的居家產品都有販售。雖然圖騰設計的風格每個品牌都不一樣，但如果覺得其他品牌價位稍高的話，可以到「Soma」試試，或許可以挑到你心中的寶。

♦ 見證奢華藝術的感動：good earth

♦ 網址：www.goodearth.in

「good earth」的奢華設計完全是藝術品的展現，沒有一位進去的客人不讚嘆商品的精緻和充滿藝術，強調完全手工製作的商品真的讓人愛不釋手，但因價格昂貴，購物之餘也得衡量自己的能力能否負擔。

這個品牌的分店雖然極少，卻無法小覷其琳瑯滿目的商品，從珠寶、服飾、披肩、棉被、坐墊、花瓶、芳香蠟燭、杯碗瓢盤、銅製品、線香……，無一不在呼喚著我內心無法抑制的購物衝動。看著這些商品就是一種愉悅的視覺享受，或許阮囊羞澀無法下手，但是能在手裡把玩著這些優雅細緻的商品，也讓自己能得到許多創作靈感。

「good earth」瓷具

◆ 沐浴在香氛森林裡：Forest Essentials

◆ 網址：www.forestessentialsindia.com

「Forest Essentials」是販售阿育吠陀商品的品牌，沐浴、按摩、香水用品應有盡有，有著淡淡香氣，強調全天然的商品是這個品牌的宗旨，精油跟香水都是熱銷商品，完全針對女性顧客群。店內總有一股讓女人想衝動購物的氛圍。價格區塊屬於適中，很建議男性朋友購買送給女性友人。店內員工能夠詳細說明商品的區別性，所以不要害羞，大膽開口詢問吧。

「Forest Essentials」

◆ 平價好用的日常保養品：Biotique

◆ 網址：www.biotique.com

「Biotique」是印度本土品牌，標榜將印度5000年阿育吠陀醫學發揚光大，不採用動物實驗，產品包裝符合環保可生物分解，也有男性可以使用的保養品。

品牌主要以身體清潔與保養用品為主，由於沒有動物實驗所以素食者可用。產品本身是我個人極為喜愛的阿育吠陀商品，它的洗髮精、保養品還有香皂，滋潤卻不油膩，是我的四季必備品。「Biotique」的商品都帶有好聞卻不刺鼻的香味，淡淡的清香讓人覺得洗澡或是保養皮膚都是享受。至於「Biotique」的番紅花面霜（Bio Saffron Dew），對於不容易上妝的人來說有急救的功能，也能緩解皮膚過敏性的紅癢，是我個人很推薦也喜歡的必買商品。

♦ 來自植物萃取與自然的阿育吠陀商品： KAMA Ayurveda

♦ 網址：https://www.kamaayurveda.com

「KAMA Ayurveda」主要販售身體保養用品，標榜純天然製作，不管男女都可以找到適合的商品。連續幾年來，印度的物價一漲再漲，雖然這牌子也是漲得很快，但依舊是我口袋裡第一名的保養品品牌。

「KAMA Ayurveda」的商品讓我很驚豔，店裡幾乎所有的產品我都曾經入手，而且是囤貨式的瘋狂掃貨。進入店裡常常看到日本客人，他們總是人手一瓶玫瑰水，但我最愛的是它的精油系列，在「KAMA Ayurveda」所聞到的是純淨天然的植物氣味。這個品牌的按摩油產品常與5星級SPA合作，更顯

「KAMA Ayurveda」頭部按摩油

其高貴與專業，畢竟在氣候乾燥的印度，人人都很需要純正天然的油脂緩解皮膚的乾裂。

「KAMA Ayurveda」的分店不多，如果喜歡幫自己或是愛人按摩的朋友們，推薦各種不同功效的按摩油，此外店內所有產品都能試用，就請大家到店裡親自一一體驗吧。

♦ 小巧精緻讓人耳目一新的風格：the shop

♦ 網址：www.theshopindia.com

發現「the shop」是個美麗的意外，在德里只有在康諾特廣場

（Connaught Place）能看到這家店的蹤影。老闆本身是位上了年紀的女性，店裡整體布置得非常溫馨舒適，能運用衣服與其他家飾用品打

造出特別的聖誕氣氛的，也只有這
間店了，可見這位女性創作者本身
有著令人激賞的創意表現方式，這
讓我相當驚豔，因而步入店裡開始
探險一番。

「the shop」

　　這家店同樣也是手工蓋印圖騰
衣飾店，大人小孩的尺寸都有，也
有自製陶瓷餐具，簡約的花色是我
相當喜愛的風格，但缺點是商品尺
寸較不齊全，畢竟是手工製品，無
法大量生產，所以僅能以現場有的
款式挑選。就服飾而言，這家店較

適合身材瘦小的朋友前來挖寶，由
於這些傳統創新衣物不添加任何彈
性布料，所以無法伸縮，務必記得
試穿。

◆ 光鮮亮麗與古典優雅並存：Cottons

◆ 網址：www.cottonsjaipur.com

　　「Cottons」是十分具有印度
特色的服飾品牌，近來的設計風格
有了轉變，原本傳統花色的服飾較
多，雖然顏色亮麗，但不太適合外
國朋友，所以以往我常閒逛幾分鐘
就會離開，但最近的設計風格開始
與國外潮流慢慢結合，照顧到了喜
歡簡約花色的外國遊客。

來自貧困家庭的手作吊飾

這家店除了衣服跟包包外，還有賣些來自貧困家庭手工製作的可愛吊飾，賣出的金額直接回饋給窮困的鄉村地區，購物的同時也能做公益，真的是一舉兩得。私心期待它可以設計出更多符合外國人口味的花色與款式。

◆ 浪漫童話的巧克力專賣店：Choko la

◆ 網址：www.chokola.in

「Choko la」是一家販賣種類豐富的巧克力專售店。一開始注意到這個品牌，是在可汗市集（Khan Market）裡的一間精緻小巧的巧克力飲品店，店裡淡色蘋果綠的裝潢讓人神清氣爽，溫馨簡約的布置加上香濃巧克力飲品，足以讓人拿著一本書，在此消磨一下午。「Choko la」在德里的國際機場免稅商店也有進駐。對於非咖啡族群的人們而言，「Choko la」確實是另外一種新選擇。除了各式巧克力飲品外，店裡也有販售各種不同口味的巧克力商品，而且選擇種類繁多，如果不仔細問問店員，真的不清楚箇中差異。假若從印度回國不知道準備什麼當伴手禮，「Choko la」是不錯的選擇，精緻盒裝加上繽紛多彩的包裝，應該可以擄獲許多女生的心。

「Choko la」的巧克力商品

10

印度旅行的生存指南

- ◆ 旅遊訊息小叮嚀：遇到這些麻煩怎麼辦？
- ◆ 給女性旅行者的幾點提醒
- ◆ 給單獨旅行者的幾點提醒
- ◆ 德里旅遊訊息

◆ 旅遊訊息小叮嚀：遇到這些麻煩怎麼辦？

印度是我非常喜歡的國家，溫和友善的人民，數千年的古文化與多元包容的宗教，都是我一而再、再而三遊歷，仍想繼續探究、無法自拔的原因。

每一個我走過的國家，都讓我帶著不同的酸甜記憶回到台灣，所以期盼藉由我的彙整，讓其他旅人出發時能帶著勇氣與自信去面對。因此以下的整理，是我自己在印度曾遇到的實際經驗，提供給讀者參考。

1. 信用卡盜刷

使用信用卡時務必要求店主當面刷卡，不要讓人有機會盜刷。

2. 寶石推銷

寶石推銷在東南亞也經常會碰到，並不僅止於印度而已，他們的目的只是酬金。對我來說，只要不是自己拿手的事物就盡量保持距離，當內心起了懷疑就拒絕購買，秉持著不貪念的心，自然就不容易被有心人欺騙。

寶石推銷者通常聚集在觀光客很多的區域，話術經常會以「你要去的地方今天關門，我帶妳去真正在地人的市集，或者，告訴遊客某個寶石中心正在折扣，買到賺到」來引起注意，再帶去購買昂貴不等值的珠寶或商品。如果真的想買寶石，請到有規模的商店或是大型購物中心裡購買吧。

3. 司機額外加價

不論做什麼事都務必先講好價錢，如果價錢談妥卻又被額外加價，真的不必理會對方，只要給予講定的價錢即可。搭乘嘟嘟車或是計程車甚至人力車，都會有突然被司機額外加價的狀況。縱使他們再怎麼纏人，都請帶著溫和但堅定的原則，即使讓許多路人圍觀也不用覺得尷尬，說不定路人聽了你的解釋後還會幫你呢。

4. 拍照要求小費

旅行裡的人、事、物都是消耗相機記憶體的重要元素，豐富的色彩帶來喜悅的心情，但有時拍到

人像時，可能會被要求小費，所以務必事先徵求對方同意，如果已徵求同意但拍照後仍被要求給予金錢時，可以置之不理，當場離開就好。

5. 司機推銷購物行程

不論要去哪裡，不論使用任何交通工具，許多計程車或嘟嘟車都會載遊客去各式商店賺取佣金，所以使用Uber或是當地網路叫車服務，都是比較省卻這些麻煩的方式。

6. 偷竊

無論在任何國家都有偷竊的行為，小心隨身貴重物品是行走各地不變的法則。搭乘長途火車時，可以事先準備一條鎖鏈，將行李鎖在座位底下。而在飯店，盡量把貴重物品鎖在保險箱裡。如果沒有保險箱的飯店，可以事前在台灣買條隱形腰帶，將貴重物品隨身攜帶。

7. 飲食與飲用水不衛生

旅行到較落後國家時，飲食與水是最容易讓旅人生病的源頭，冰塊也是旅人容易忽略的一環。人類的身體需要時間去適應不同國家的飲食習慣，所以有外國人吃飯的餐廳會是最好的選擇。至於飲用水就需要購買商店裡販售的瓶裝水，開封時請注意瓶蓋是否密封好，發現有異請向店家換新的瓶裝水。

8. 乞討者

大多數的乞丐面對外國觀光客都會纏著要求施捨。一般來說，我個人會給予食物而非金錢，但面對

乞丐是一種職業，遊客不必特別害怕擔心。

年長的乞討者或是身障者則是會給予小額零錢，但切記不要在乞討者聚集的區域給錢，因為其他乞討人也會紛紛圍過來央求施捨。

9. 集團式交通騙術

通常旅人一到新環境就會有人前來搭訕，好心提醒遊客要去的地方已經因為種種因素而關門，耐心為遊客解釋原因並且幫忙叫車，然後車子會載遊客到某個被拒馬封住的街道顯示所言不假，最後就是載到旅遊中心勸說遊客換飯店或是去其他城市，藉以讓遊客入住高額飯店或購買巨額車票。

所以，只要聽到「你要去的地方關門了，或是無法進入」之類的話術，請直接換輛車子，往自己已經安排好的行程前進吧。

10. 殺價

貨比三家是一定要的，現金付款通常可以拿到比信用卡付款更多的折扣。至於殺價原則因人而異，總之先瞭解商品行情後再進行購物，是比較妥當的方式。

旅行印度務必喝瓶裝水，不要飲用生水。

◆ 給女性旅行者的幾點提醒

印度是個相當保守的社會，女性旅行者在衣著上更需要小心謹慎。以下幾個提醒，可以讓女性旅行者避免一些麻煩。

日常狀況

1. 做好被盯著看的準備。近年來由於印度政府的宣導，直視外國遊客的印度人有減緩的趨勢，但在鄉村地區依舊有許多印度人會盯著外國遊客，而我的方式就是戴

上口罩並且以平常心對待。

2. 與異性說話時請保持距離，表情最好嚴謹，儀態務必端莊，不要讓男性有所誤解。

3. 印度人是熱情友善又好奇的綜合體，喜歡聊天的他們隨時都能打開話匣子。如果我當下的情緒不想與人交談，便會利用耳機、書籍、墨鏡、甚至是口罩來隔離他們的好奇心。

4. 印度社會保守，女性旅人在衣著上須避免無袖背心、短褲、迷你裙等等。印度寺廟景點眾多，常需要脫鞋，一雙耐走又容易穿脫的鞋子很重要。

5. 穿著印度服飾通常意味著自己不是初來乍到，除了表示認同感之外，在大城市也比較不容易被推銷。

衛生用品

最好出國前就準備好需要的衛生棉或是衛生棉條。在德里，女性的衛生用品可以在藥局購買，不過棉條的選擇性少，如果要前往偏遠地區，建議事先準備好。

性騷擾

1. 觸碰身體在印度社會裡是大忌，一般印度男性會與女性保持距離。倘若有男性貿然碰觸的狀況，可以直接嚴厲斥責並嚴肅地告訴對方「DON'T TOUCH ME!」。

2. 戴上婚戒（不管有沒有結婚都可以），或是直接告訴對方，自己

女性遊客請注意穿著，否則難免被行注目禮。

的丈夫或男朋友就在附近，等會兒就來了，藉此避開騷擾。

3. 盡量天黑之前到達目的地，夜晚盡量不要獨自出門。

4. 請勿佩戴高級珠寶或是華麗的裝飾品。

5. 印度的打招呼方式，多是雙手合十，嘴裡說出「Namaste」，無需與對方握手或相擁。

6. 不管任何情況，只要對方讓妳感覺不舒服，請即刻離開，不要給予對方更多機會趁虛而入。

7. 記得，臉上總是展露自信，避免露出慌張的表情。出遊前先做好功課或是事先下載免費地圖，盡量避免在路上查看資料，因為那表示妳迷路了，有心人就有機可趁了。

♦ 給單獨旅行者的幾點提醒

獨自旅行的好處是超級容易跟印度人聊天，尤其是搭乘長程火車或是在鄉村地區。這些印度人對外國旅行者充滿好奇，最常詢問的問題都是旅人來自何處，但是每每說出我來自台灣時，大部分的人依舊充滿困惑。所以只好搬出HTC、ASUS或ACER這些名揚國際的大品牌，他們困惑的表情便豁然開朗，接著大笑並且開始與我閒話家常。不過依舊相當多的印度人以為台灣是泰國，所以如何介紹自己的國家，可以從這裡開始練習。

住宿

1. 民宿的單人房不一定比雙人房便宜，但可以試著爭取單人房的折扣價格。

2. 德里有許多提供合宿的旅舍，4人床、6人床或是8人床合宿。通常品質不錯的合宿旅舍能遇到許多外國旅人，在交誼大廳裡可以與這些旅人一起分享各種旅遊資訊，是一種增進旅行見識的住宿體驗。

3. 預約飯店前請務必參考網頁上顧

電動人力車

客留下的評語再考量下訂與否。建議先訂一晚，實際入住後覺得舒適再續訂，如此一來，就算住宿條件不佳，隔天也可以立刻更換飯店。

安全

1. 走在人潮擁擠的街道上時，單眼相機最好不要拿出來，會吸引一些搭訕者跟好奇民眾的注目，因為單眼相機會讓他們誤會是「有錢」的觀光客。

2. 旅行者通常會遇到「雙重標價」的問題，所以無論搭車、路邊購物、吃飯、買零食都容易被額外加價。因此，穿著上請盡量簡單，購物時也可以先觀察在地人付了多少錢之後再下手。如果可以的話，盡量到有標示價格的商店購買。

3. 永遠展現自信讓人以為自己是個印度老手，不管遇到任何事都可以據理力爭。印度人實際上是個平和的民族，他們的個性是不喜

歡爭執的，所以請帶著溫和堅定的心行走印度吧。

交通

1. 一個人旅行除了住宿外，就是交通花費最多了。在德里我喜歡使用Uber的共乘模式，費用相較嘟嘟車差異不大，更少了討價還價的麻煩。

2. 在德里搭乘地鐵是最省錢的交通工具，但盡可能避開上下班的尖峰時間，否則那像在擠沙丁魚般的列車很容易讓人異常疲憊。地鐵的第一節車廂是女性專用車廂，女性旅行者可以利用。

◆ 德里旅遊訊息

緊急聯絡資訊

1. 駐印度台北經濟文化中心（Taipei Economic and Cultural Center in India）

   - 中文網頁：www.roc-taiwan.org/in/
   - 電話：91-11-4607-7777
   - 急難救助聯絡電話：91-98-1050-2610
   - 地址：No. 34, Paschimi Marg, Vasant Vihar, Block D, Vasant Vihar, New Delhi, Delhi 110057

2. 台灣外交部駐各國辦事處

   - 英文網頁：http://www.taiwanembassy.org

3. 旅外國人急難救助

   - 海外付費電話：（當地國國際碼）886-800-085-095

4. 印度當地的緊急電話：警察局100、消防隊101、救護車102

生活資訊

1. 時區

   印度的標準時間是IST，印度國土介於GMT＋5/GMT＋6時區之間，印度時間相較台灣時間，早了2小時30分。

2. 海外旅遊險

建議購買含有失竊、遺失、醫療、意外的保險。有些信用卡提供買機票送保險的服務，也可以直接在桃園機場、或是事先找熟識的保險顧問購買。購買保險時務必取得保險公司的海外服務電話號碼，必要時能解救當下困境。

3. 印度當地SIM卡

印度國碼為0091。印度目前前3大的電信商有「Airtel」、「Vodafone」和「Jio」。Airtel是市佔率第1名，網路覆蓋率也較好。印度當地直接買SIM卡或是儲值都很方便，申辦SIM卡需要提供護照影印跟1張1吋照片。不建議在機場購買SIM卡，因為印度SIM卡的開通需要12～24小時，所以一旦SIM卡有問題就無法取得協助。

4. 貨幣兌換

印度盧比是封閉式貨幣，不能帶出印度國內，在台灣需要先換取美金（或其他國際通用貨幣）再到印度兌換盧比。印度盧比兌換新台幣的匯率大約是2：1。

ATM

在德里的觀光區，民營的貨幣兌換站很多，營業時間也比銀行長，大多數的飯店也可以兌換，但是匯率較差。至於旅行支票在大城市的銀行大多能兌換，但在鄉村區域就比較困難了。美金、歐元跟英鎊都是受歡迎的貨幣。

5. 電壓與插座規格

印度電壓使用230v/50Hz，插座規格則是3孔圓型插頭，但2孔圓型插頭也幾乎都能使用。

6. 小費

德里的高級餐廳或是酒吧的收費，都已經把小費直接算進帳單裡了，因此不必再額外支付。而在飯店，如果需要房務員協助搬運行李或物品時，房務員會期待小費，此

時可以依照對方的服務態度給予適當的小費（約10盧比），至於嘟嘟車或是計程車，大多會直接開口索求小費，但我個人是不會額外再給的。

7. 國際轉帳方式

「西聯匯款」不需要任何當地銀行帳戶就能使用，會依照匯款金額收取手續費，不過這是最便利又最快速的轉帳方式。領取匯款時只要攜帶護照，跟1組監控密碼即可，監控密碼在台灣辦理轉帳時就能取得。在德里可以領取「西聯匯款」的地方相當多，一般貼有「西聯匯款」標示的民營兌換所都能提取。

8. 提款機ATM

德里市區的提款機ATM很多，跨國領款這方面很便利。旅人務必記得出國前先在台灣辦好提款卡的海外提款設定。

9. 使用信用卡

德里有越來越多的商店可以使用信用卡，普通一般小商店使用信用卡消費會被額外要求3～5%的銀行手續費。

印度盧比兌換站與西聯匯款提領處

舊廢鈔已無法使用，換錢時請務必小心。

面額2000的盧比不好使用，盡量換小額。

10. 消費稅與服務費

印度各邦政府對於住宿（高級飯店）和餐廳（高級餐廳）徵收的稅務費用都不盡相同，一般而言，遊客所需付出的消費稅與服務費相加之後，常常高達5～26%。

11. 飯店洗澡熱水供應

冬天入住3星級以下的飯店最好檢查浴室裡的熱水出水狀況再決定入住與否，有些飯店會有固定的熱水時間，不然就需要旅客洗澡前自行知會櫃檯人員。有些民宿的熱水器只夠熱1桶水，之後需要再等10分鐘，才能有另1桶足夠的熱水使用，記得事先與飯店人員確認。

12. 參觀寺廟

到了印度免不了會參觀寺廟，參觀寺廟一定得脫鞋，建議隨身攜帶塑膠袋裝鞋用，不用擔心被額外收費或遺失問題。除了印度教寺廟外，女性進入其他宗教寺廟大多需要將頭髮蓋住，可以隨身準備一條披肩。

13. 購買藥品

在藥房購買藥品時，需要檢查有效日期，並確認包裝是否密裝完好；夏天蚊蟲多也可以在藥房購買防蚊乳膏。

14. 廁所

大城市很容易找到公共廁所，廁所一般分印度式（蹲式）跟西式（坐式）。廁所裡不會提供衛生紙，因為印度人習慣使用清水沖洗。

15. 包車

如果有幾個旅伴同遊，可以考慮包車服務，較為省時。一般可以請飯店出車，或是自己找計程車談價格。

藥房的藥劑師大多能用英文溝通

路人直接躺在人行道的日常風景

16. 3C產品

印度的3C產品多是進口，有品牌的3C產品價格高昂。雖然路邊有許多攤販賣著來自某些國家的廉價3C周邊，但不建議購買。

17. 攜帶小面額盧比紙鈔

雖然信用卡在印度日漸風行，但大部分印度人還是習慣使用現金。超過500盧比的大鈔在小地方很難找開，要兌換也不容易，所以最好隨時備著可用的小額鈔票，一方面可以防止小販不找零，另一方面

購物時可以直接給剛好的金額，不會讓小販看到大鈔又要求加價。

18. 印度貨幣

印度目前通行的紙鈔貨幣有5、10、20、50、100、200、500、2000印度盧比（INR），硬幣有1、2、5、10盧比4種。兌換或是找錢的紙鈔務必注意損毀狀況，紙幣破損嚴重或是紙鈔上頭有寫字都會遭遇拒絕交易，ATM領到破損紙鈔時，保留提款收據到同一家銀行換回沒有損壞的紙鈔。

19. 善用Google Map

建議事先下載離線地圖。Google Map在印度很便利，但是有1～5分鐘的準確度誤差。到達目的地時，再向當地人打探正確位置。問路時，記得要多問幾位印度人，彙整資訊再前往。

健康與衛生

由於印度國土相當大，因此環境跟氣溫的變化也大。水土不服常常是旅行者最大的考驗。出發前先到醫院或診所，把可能會用到的藥物備妥，準備平常用藥量的2倍最安全。

在印度就醫需要現金直接支付，所以務必搞懂自己的海外旅遊保險。如果需要保險理賠，記得索取相關費用的收據與文件。

一般旅行者最容易因為水土不服而發生腹瀉不止的狀況。腹瀉時為確保不讓身體脫水，須多飲用

放學後的學生一起擠上人力車回家

含有電解質的補充液。如果狀況嚴
重，請務必聯絡飯店櫃檯協助就
醫。

保持好心情

　　不論準備得再周全都可能有意
外發生，計畫永遠趕不上變化，這
就是旅行。無論如何，帶著一顆好
心情享受旅程裡的意料之外就是最
大的收穫。旅行時，我習慣帶著糖
果，當我在旅途裡感到悸動和喜悅
時，就分享給身邊的人。糖果不限
大人小孩，幾乎人人都愛，它是個
很簡單但很容易搭起橋樑的媒介。

　　印度是背包客的終極殿堂，旅
行者對它的喜愛總是兩極，非黑即
白，但只能在黑白裡看見它的模樣
是可惜的，畢竟一場旅行只是一場
揭幕儀式，不要帶著濃烈情緒，只
要帶著一顆平常心來看待即可，或
許旅人在結束旅程時，就能真正看
見它所展現的萬分之一的幻彩。

印度拉茶是印度人重要的茶飲

笑容親切的店員

國家圖書館出版品預行編目資料

下一站，印度德里！－終極背包客的吃喝玩樂全攻
略 / PloyCafe著.
-- 初版 -- 臺北市：瑞蘭國際，2018.11
160面；17×23公分 --（PLAY達人系列；12）
ISBN 978-957-8431-78-2（平裝）
1.自助旅行 2.印度德里

737.13109　　　　　　　　　　　　　　　107019459

PLAY達人系列 12

下一站，印度德里！

作者｜PloyCafe
責任編輯｜楊嘉怡、王愿琦、葉仲芸
校對｜PloyCafe、楊嘉怡、王愿琦

封面設計、版型設計、內文排版｜陳如琪

董事長｜張暖彗・社長兼總編輯｜王愿琦
編輯部
副總編輯｜葉仲芸・副主編｜潘治婷・文字編輯｜林珊玉、鄧元婷
特約文字編輯｜楊嘉怡
設計部主任｜余佳憓・美術編輯｜陳如琪
業務部
副理｜楊米琪・組長｜林湲洵・專員｜張毓庭

法律顧問｜海灣國際法律事務所　呂錦峯律師

出版社｜瑞蘭國際有限公司
地址｜台北市大安區安和路一段104號7樓之一・電話｜(02)2700-4625・傳真｜(02)2700-4622
訂購專線｜(02)2700-4625・劃撥帳號｜19914152 瑞蘭國際有限公司
瑞蘭國際網路書城｜www.genki-japan.com.tw

總經銷｜聯合發行股份有限公司
電話｜(02)2917-8022、2917-8042・傳真｜(02)2915-6275、2915-7212
印刷｜科億印刷股份有限公司
出版日期｜2018年11月初版1刷・定價｜320元・ISBN｜978-957-8431-78-2

瑞蘭國際